シン・危機管理

根来 諭

㈱Spectee 取締役COO
防災士/企業危機管理士

企業が"想定外"の時代を生き抜くには?

JN014795

まえがき

　私が COO を務める株式会社 Spectee（スペクティ）は、創業者・村上建治郎が東日本大震災で荒廃した被災地に復旧ボランティアとして立ち、その時に感じた強烈な使命感と焦燥感をもとに設立されたスタートアップ企業です。

　その後、防災や危機管理にそれぞれの思いをもつ仲間が集まり、現在では多くの民間企業や自治体・官公庁に AI をはじめとした最先端の技術を活用した危機管理ソリューションを提供しています。

　日々、危機管理を担当する部署の方々とコミュニケーションをとる中で、多くの組織が「従来のやり方を刷新し、危機管理のレベルを上げなければならない」という課題感をもっていることがわかりました。

　一方、その課題に対して、どう取り組めばいいのかわからないという声も、多く聞いています。

　危機というものは常にあらゆる所に潜んでいるものです。「何となく不安」なのであれば、何が不安なのかを言語化・具体化し、それに対してどう備えるかを考えるのが危機管理という仕事です。備えることによって、迷いなく目的に向かって歩みを進めることができるようになります。

　企業の中で危機管理やリスクマネジメントの仕事というと、比較的地味なファンクションだと見られがちではないでしょうか。

　しかし、先行きが不透明なこれからの時代においては、危機管理は経営戦略のど真ん中に置かれてしかるべきものだと思います。危機事象が発生したら対応する、という受け身なものではなく、積極的に危機を可

視化し、未来の危機までを刈り取っていくことができれば、企業にもたらすメリットは計り知れないでしょう。

　本書は、民間企業における危機管理・防災・リスクマネジメント・BCP（事業継続計画）の担当者や、自治体で災害対策に従事される方たちに対し、今後危機管理を発展させていくべき方向性を提示することを目的としています。

　また、直接業務として関わっていなくても、経営全体における危機管理の位置づけや意味合いについて興味のある方にも参考になると考えています。

　近年特に注目されている課題が、複数の企業をまたぐことになるサプライチェーンをめぐる危機管理です。
　パンデミックを原因としたロックダウンや国際的な紛争、サイバー攻撃の増加などで途絶のリスクが高まっているサプライチェーンにおけるリスクマネジメントについては、その重要性から一章を使って解説をしています。

　想定外の時代、危機の時代に突入した今、危機管理という概念を大きくアップデートするべき時期に来ていると考えています。そのカギを握るのはテクノロジーです。本書によってこの課題を読者と共有し、未来を共に作っていくことができれば幸いです。

目次

第 2 部：一歩先の事業継続

第 5 章 BCP さまざまなトピックス 　97

第 3 部：危機管理の未来

第1部

重要性を増す BCP
（事業継続計画）

第1章

BCP とは

BCP 策定の意義

　BCP とは、事業継続計画（Business Continuity Plan）のことです。自然災害や事故、戦争・紛争の勃発、テロ、サイバー攻撃などの危機事象（インシデント）が発生しても重要な事業を中断させない、または中断したとしても可能な限り短い期間で復旧させるための方針・体制・手順などを示した計画を指します。

　また、BCP の策定を含み、事業継続を実現するための平時からのマネジメント活動を事業継続マネジメント（BCM=Business Continuity Management）と呼びます。

Business Continuity Plan

安全の確保
社員・顧客・地域のため

経営の存続
株主・社員のため

事業の継続
顧客・取引先のため

　事業が継続できなければ企業として損失を被るのはもちろん、顧客や取引先からの信頼を失ってしまうとその影響は長期に及びます。そのため BCP を策定するにあたっては、企業の社会的責任 (CSR=Corporate Social Responsibility) を果たすという発想が必要です。

　大きな災害など不測の事態が起きた際、企業は助けを待つだけではなく、自らの役割と責任を果たすことが求められます。また、被害を最小限に抑えて事業を継続することで、社会活動を円滑に回し続けることは、

それ自体が大きな社会貢献であると言えます。

　特にサプライチェーンが複雑に発達した今、自社が原因となってモノやサービスの流れ全体が止まってしまうのは何としても避けたい事態です。事業継続は、結果として社員・顧客・取引先・地域・行政・株主といったさまざまなステークホルダーの利益に資することができます。

　また、BCPを策定する過程では、自社の中核事業は何か、業務フローは効率的か、サプライチェーンはどのような構造になっているのかなど、自社リソースと自社を取り巻く環境を精査することになり、経営力の強化に寄与する効果も期待できます。

　一般にイメージしやすい「防災活動」とBCPの違いをまとめました。

　BCPは対象とする範囲が事業全般に及ぶのに対し、防災活動は拠点ごとにいかに災害による人的・物的な損害を最小化するかの活動となります。

　ただし、防災活動が重要でないかといえはそうではなく、BCPを構成する要素として、同時並行で進めていくべきものになります。

	防災活動	BCP（事業継続計画）
主な目的	従業員の安全確保と物的被害の軽減	安全確保に加え、重要業務の継続または早期復旧を実現することで、顧客・取引先・近隣住民や従業員の家族など広くステークホルダーに与える影響を最小限にすること
重要事項	死傷者や損害を最小化すること	死傷者や損害の最小化し、従業員やその家族の安否確認や救援を行って、事業継続・早期復旧を実現すること
活動範囲	自社の拠点ごと	全社横断的に加え、調達先・供給先などのサプライチェーン全体や近隣住民などのステークホルダーも視野に入れる

経済社会を強靭にするために重要であることから、政府は企業における BCP の策定を推進してきましたが、令和 4 年版防災白書によると、2021 年度に BCP を策定済みとした企業は大企業において 70.8%、中堅企業において 40.2% に留まっており、政府の当初目標「大企業ほぼ 100%、中堅企業 50%」を達成できずにいる状況です。

　一方、帝国データバンクが 2021 年 5 月に行った、全国の企業 23,724 社を対象にした調査「事業継続計画（BCP）に対する企業の意識調査」では、BCP を策定している企業は 17.6% に留まっています。

　調査対象が異なりますが、ともかく十分に策定が進んでいないことは明白です。同調査で策定しない理由を訊いたところ、「策定に必要なスキル・ノウハウがない」が 41.9％で最も高く、次いで「策定する人材を確保できない」（29.3％）や「書類作りで終わってしまい、実践的に使える計画にすることが難しい」（27.4％）が理由の上位に挙がりました。

大企業

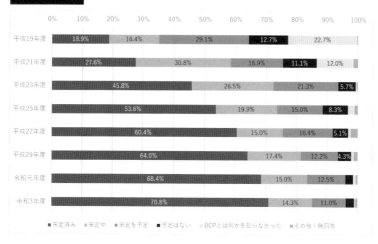

中堅企業

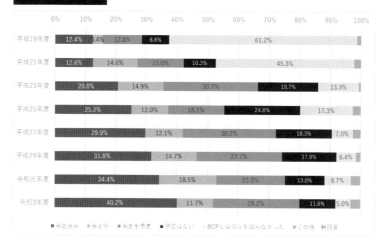

出典：内閣府「令和４年版防災白書」より作成

今なぜ BCP が重要なのか

　今、BCP の重要性が増し、関心が高まっています。なぜか。それは、BCP を策定することで危機の時代を生き抜く羅針盤が手に入るからです。

　軍事用語から、2010 年代になってビジネスの世界でも使われるようになった言葉に「VUCA」があります。Volatility（変動性）・Uncertainty（不確実性）・Complexity（複雑性）・Ambiguity（曖昧性）の頭文字を取った造語です。

　社会やビジネスにとって先行きが不透明で、将来の予測が困難な状態を指します。現代は VUCA の時代、つまり「想定外の出来事が次々と起こる時代」であると考えられています。

Volatility （変動性）

　テクノロジーの急速な進化によって、我々の社会は変動が非常に激しい状態にあります。近年、IT 技術の急速な進展により、新しい商品・サービスが次々と生まれ、社会の仕組みが変わり、それに伴って価値観も急速に変化しました。

　変化は同時多発的に発生し、お互いに影響しあうため、これからどうなっていくのかを予測することは非常に困難です。インターネット・スマートフォン・SNS の普及によって我々のライフスタイルは革命的に変わりましたが、例えば 10 年前に現在の状況を正確に予測できていた人はいたでしょうか。

Uncertainty （不確実性）

　現代は不確実な事柄が多く、この先何が起きるのかがわかりません。例えば、我々に具体的にどのようなインパクトがあるのかわからない「地

球温暖化による気候変動」や、社会環境の変化と言える「少子高齢社会の進展」や「ジョブ型雇用への転換」。2020年以降、突然我々の生活に大きな制約を課した「新型コロナウイルスの感染拡大」。そして専門家も実行される可能性は低いと評していた「ロシアによるウクライナ侵攻」。不確実な事象や想定外の事象が多発する社会は不安定で、人々の心理にもどうしても不安が広がります。

Complexity （複雑性）

　我々の社会はさまざまな要素が複雑に絡み合っており、全体を把握することが困難であるとともに、何がきっかけでどんな事象が引き起こされるかを予測することが難しくなっています。

　例を挙げれば、2008年のリーマン・ショックを引き起こした米国のサブプライムローン問題があります。サブプライムローンとは、信用度の低い借り手向け住宅ローンのことですが、当時住宅価格や金利が上がることで返済不能に陥るケースが相次ぎました。これだけであれば債権者に損失が出るだけですが、証券会社がこの住宅ローンを担保にした証券を世界中の金融機関やヘッジファンドに売っていたことから、焦げ付きのリスクを誰がどれだけ抱えているか見えなくなり、信用リスク懸念が一気に広がりました。

　複雑なスキームのために、誰も全体が見えていなかった例と言えます。

Ambiguity （曖昧性）

　変動性・不確実性・複雑性が組み合わさることで曖昧性のある状態になると言われています。社会における意味や方向性が曖昧だと、絶対的な解決策を見つけることが難しくなります。特に日本を含む先進国は、一定の豊かさを手に入れ、それぞれの価値観が多様化し、またインターネットの発達で人々の意識も多方に分散したことから、曖昧性の高い状態になっていると考えられます。

危機の時代・想定外が多発する時代を生き抜くには、多様化するリスクをクリアに定義し、分析し、対策を立てることが決定的に重要になります。BCPを策定する過程では、自社の事業構造とそれを取り巻くリスクを徹底的に分析し、対策を検討することになります。これはまさに、時代を生き抜くための羅針盤を得る作業に他なりません。

　まずはマクロの視点を持って、社会の大きなリスクトレンドを俯瞰してみたいと思います。

社会のリスクトレンド

　危機の時代に突入した今、我々の社会が直面している大きなリスクトレンドを俯瞰してみたいと思います。以下の4つについて順に説明します。

リスクトレンド

①気候変動・気候危機
②テクノロジーの急速な進化
③地政学リスクの高まり
④サイバー攻撃の激化

①気候変動・気候危機

　二酸化炭素やメタンなどの温室効果ガス排出を抑制し、いかに気候変動を抑えるかは、まさに世界的な課題になっています。

　地球温暖化や気候変動に関する科学的分析をとりまとめる、国連の「気候変動に関する政府間パネル（IPCC）」が2021年8月9日、最新となる第6次報告書を発表しました。

　この報告書では、気候の現状や将来、そして気候変動を抑制するにはどのようなアクションが必要かについて述べられています。第5次報告書から大きく変わった点は、人間の活動が温暖化に与えた影響についての記述です。

　前回報告書では「原因であった可能性が極めて高い」としていたものが、「疑う余地がない」と断定する形に変わっており、より踏み込んだ表現になっています。

　同報告書ではいくつかのシナリオに基づいたシミュレーションを行っていますが、どのシナリオに沿ったとしても、少なくとも今世紀半ばまでは世界平均気温は上昇を続けるとしています。

　世界の平均気温はすでに産業革命以前と比べて2011－2020年平均で1.09度上昇していますが、今後数十年で二酸化炭素を筆頭とした温室効果ガスの排出が大幅に削減されない限り、21世紀中に2℃以上上昇してしまうことになります。

　地球温暖化は気候システム全体に大きな変化を及ぼし、極端な高温や熱波、大雨や干ばつなど、自然災害が多発することが予想されます。

　海面上昇については、最悪のケースでは2100年時点で1m弱の上昇が見込まれ、可能性は低いもののさらに氷床の不安定化が合わさると、1.5mを超える上昇幅となります。

海水面が上昇すると、沿岸浸食が拡大し、土地や資産に損失が発生して、移動をせざるをえない人が出てきます。海抜が低い地域や国に大きな影響を及ぼし、太平洋やインド洋の島国は国自体が水没する危機にあります。

　また、降水量が変化し、「数十年に一度」というような大雨が降る頻度が飛躍的に高まり、水害のリスクが上昇するエリアが多くなります。
　日本において、既にゲリラ豪雨と呼ばれるような短期間で強く降る雨が増加していることが科学的に確認されています。
　下のグラフは、1976年から2019年に1時間あたり50mm以上の雨（気象庁の基準で「非常に激しい雨」または「猛烈な雨」）が降った回数を示しています。直近の10年は、平均で1年間に327回の発生があり、1976年から1985年の10年間と比較すると約1.45倍に増加していることがわかります。水害の多発化・激甚化を実感していらっしゃる方も多いのではないでしょうか。

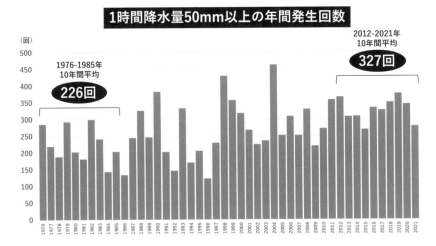

出典：気象庁「大雨や猛暑日など（極端現象）のこれまでの変化」より作成

　こうした環境変化は、生態系に影響を与えるため、これまで育てて生活の糧としていた作物が育たなくなったり、漁獲量が減少したり、水源が枯れるなど、食糧・水の問題が深刻になる可能性があります。

　また、気温の上昇で、野生動物が絶滅したり、これまで熱帯の国でしか見られなかったデング熱やマラリアなどの感染症が広い範囲で流行したりすることも考えられます。

　そしてこうした変化は、世界各国で経済的な格差を拡大する方向に働く恐れがあることも見逃せません。気候変動を遠因として、社会の不安定化が進む可能性があります。

　このように、気候問題は世界的な課題として我々の前に立ちふさがっており、適切な対処ができなければ「気候危機」に発展することは間違いありません。

　しかし、温室効果ガスの削減というアクションを行っても効果が出るには長い時間がかかることや、国際的な負担を先進国と発展途上国でどう分担するかの合意が極めて困難であることから、すんなりと対策が進むとは思えません。災害に対して強い社会を築くことが非常に重要になります。

海面上昇 　異常気象 　生態系への影響 　感染症など健康影響 　自然災害の増加 　食料生産への影響

出典：地球温暖化パネル＜環境省＞

②テクノロジーの急速な進化

　Google、Apple、Facebook、Amazon といったデジタル・プラットフォーマーの名前を挙げるまでもなく、デジタル・テクノロジーの進化は我々の社会の隅々まで大きな影響を与え、生活スタイルを刷新し続けています。

　私たちはいま、大きな技術革新のうねりの中にいると言えます。さまざまな技術が加速度的に進化して、暮らしや社会のあり方が根底から変化しています。

　こうした指数関数的な技術の進化は、半導体から始まりました。「性能（集積度）が 18 カ月で 2 倍になる」という有名な「ムーアの法則」がほぼ半世紀続き、コンピュータの性能が飛躍的に向上したのです。

　重要なことは、こうした技術の指数関数的な進化が、AI（人工知能）、ナノテクノロジー、ロボット工学、遺伝子工学などさまざまな分野に広がってきたことです。これら多分野に渡る進化が融合することで、さらなる飛躍的な技術革新が実現するでしょう。

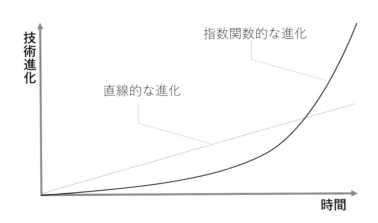

例えば、新型コロナウイルスのワクチンは、欧米の先進国を中心に感染拡大からわずか1年で接種が開始されました。本来、ワクチンの開発には年単位の時間が必要になります。

　しかし、モデルナのワクチン開発は中国政府が遺伝子の配列情報を公開した後、たった2日でワクチン候補の設計図を完成させ、8週間後にはフェーズ1のワクチン開発と出荷までを完了し、約90%の時間短縮に成功したとのことです。

　この裏側にはAI（人工知能）とコンピューティングの技術進化がありました。ワクチン開発では、膨大な遺伝子配列の組み合わせを考える必要がありますが、今までは人がマニュアルで入力して考えていたところ、AIを使えば何万通りもの組み合わせを自動的に作成・検証することができます。

　本書はテクノロジーによる危機管理のアップデートを提唱するものではありますが、一方でテクノロジーの進化は危険を孕みます。進化のスピードが速ければ速いほど、社会には多くの変化が急激にもたらされ、不安を生みます。新たな技術（特にAI）によって雇用が奪われるのではという懸念が根強くあることがその例証です。

　少し前には「AIが囲碁で人間を負かすには50年必要」と言われていましたが、実際には20年で実現しました。以前のAIは、人が打ち手を覚えさせ、その中から状況に合わせて最善の手を選ぶというものでしたが、最新のAIは、人が覚えさせるのではなく、AIが自分自身で学習して強くなっていくことができます。このように技術が人間を凌駕する様子を見て、不安を抱く人がいてもおかしくありません。

　法制度を含む社会規範の刷新は、通常技術の進化より遅れて行われます。そこにギャップが生まれ、社会が技術を飼いならせない状態に陥ります。また、人間の価値観やあり方も変化を強いられます。例えば、バ

イオテクノロジーの進化によって、大金を持つ人だけが寿命を延ばすことができるようになったらどうなるでしょう？　飼いならせるスピードを超えたテクノロジーの進化は、社会を不安定化させる要因になりえると言えます。

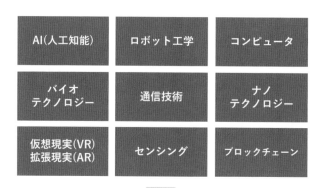

③地政学リスクの高まり

　識者も想定していなかった2022年のロシアのウクライナ侵攻が象徴的な事象と言えますが、現在世界的に地政学リスクが高まっています。

　ウクライナ危機に対し、NATOを中心とした西側諸国は、侵攻を断行したロシアに対して制裁を含む厳しい対応を打ち出しているものの、決して世界は一枚岩にはなっておらず、ロシア寄りの姿勢をとる国も少なくありません。一方でこの数年来、米中の対立が激化し、米国の安全保障政策が対中シフトしている中で、経済的なデカップリングが進行しています。これらの事象から、あたかも民主主義国家陣営と権威主義国家陣営に世界が分断されるような、冷戦的な構造が浮かび上がってきていると言えます。

　奇跡的な経済成長で存在感を増してきた中国では、不動産セクターのデフォルト連鎖や地方財政の逼迫、コロナによるロックダウンの影響などで経済の急減速が起きている一方、習近平政権は経済統制を強化する姿勢を見せています。国際的企業は「世界の工場・中国」を前提にグローバルに張り巡らせたサプライチェーンの大幅な見直しを迫られています。部品の供給で重要なポジションを占める台湾を巡る情勢も不安要因です。

　個々の民主主義国家の国内政治を見てみても、貧富の拡大による社会の分断とポピュリズムを背景に、過激な主張をする政治勢力の台頭によって政治が内向き化し、グローバル協調から自国第一主義へとシフトしている傾向が先進国に共通して見られます。

　また、気候変動に対応するための世界的な脱炭素化の動きも見逃せません。

　化石燃料はこれまで、国際政治での力関係を決める大きな要因であり

ました。しかし、クリーンエネルギーへのシフトは化石燃料の価値を大きく減じさせ、米国の中東への関与低下も相まって、国際的なパワーバランスは大きく揺らいでいます。

さまざまな要因が重なって長年進展してきたグローバル化に強烈なブレーキがかかり、現在は次の方向性を探る中、不安定で地政学リスクが非常に高い時代に突入しているということができます。

④サイバー攻撃の激化
社会活動にIT（情報技術）が欠かせないものになる中、サイバー攻撃が頻発し、その内容も高度化・巧妙化しています。

クラウド利用の拡大やコロナ禍でのテレワークの急増、ネットワークにつながるデバイスの増加など、コンピュータやインターネットへの依存度はますます高まっており、攻撃を受けることによって情報が漏洩したり、システムに障害が起こることは大きな脅威になっています。

特にシステムを乗っ取ったり、データを盗み出したうえで身代金を要求する、ランサムウェアを用いた攻撃が頻発しています。警察庁の資料によると、被害件数は令和2年下半期に21件だったものが、令和3年上半期に61件、令和3年下半期に85件、令和4年上半期には114件と増加を続けています。

セキュリティ対策が施されても、すぐに新しい手口が考案されるなどイタチごっこの様相を呈しており、ITセキュリティ人材も足りておらず、すぐにサイバー攻撃を抑え込むことは期待ができない状況です。

さまざまな機器がネットワークでつながるIoT時代が本格化するにつれて、より大きなリスクとなってくるでしょう。

こうしたリスクトレンドの中、体感としても「想定外」と言われる事象が頻繁に起こっていると感じられている方が多いのではないでしょう

か。BCPやリスクマネジメントを根幹から見直そうという機運が、多くの企業において高まっているのはそのためです。

第 1 部

重要性を増す BCP
（事業継続計画）

第 2 章

企業を取り巻くリスク

企業を取り巻くリスク

　リスクとはそもそも何でしょうか。学術的には、リスクとは良いことと悪いこと双方の発生可能性を含んだ「不確実性」のことを言います。

　2018年に発行されたリスクマネジメントの国際規格であるISO31000では、その事象によってもたらされる影響が良いものか悪いものかに関係なく、「目的に対する不確かさの影響」とされています。

　しかし、一般的には「何か悪いことが将来起こる可能性」ととらえられており、本書でもそう定義します。

　いうまでもなく、我々は未来を予測することができません。しかしその現実に対処するために発明された概念が「リスク」とも言えます。

　漫然と将来起こるかもしれない悪い事象について不安を抱えていても仕方がありません。我々を取り巻くリスクは非常に多岐に渡りますが、どのようなリスクがあるのかを整理・分類し、それぞれのリスクについて対応策を準備しておき、「悪い事象」が発生したときにその影響を最小限に抑え込むという姿勢が大切です。

　企業が直面するリスクにはどのようなものがあるでしょうか。

　政治経済といった環境に起因した社会リスクや、事業を運営する上で必ず直面する経営リスクなどもありますが、この中でBCPが主に想定すべきは「ハザードリスク」です。

　ハザードリスクは予測困難な外的要因に伴って顕在化するものであり、分類すると自然災害、事故、事件に分けることが可能です。

社会リスク		経営リスク		ハザードリスク	
政治	法令・税制の改正 通商問題 規制の変化	財務	貸し倒れ 取引先倒産 信用格付け低下 敵対的買収	自然災害	水害（台風・豪雨） 地震 津波 土砂災害 雪害 噴火 竜巻・トルネード 熱波 森林火災 感染症
		人事	労働災害 差別・ハラスメント 採用難・離職 メンタルヘルス・過労死		
経済	景気変動 為替・金利などの変動 エネルギー不足 原材料価格の変動	法務	コンプライアンス違反 知的財産権侵害 機密情報の漏洩	事故	陸/海/空の事故 火災 爆発 有毒物漏出 システムダウン
		信用	社内不正・スキャンダル 個人情報漏洩 インターネットでの炎上		
社会	マスメディアによる批判 反社会勢力の活動 不買運動	製品	製造物責任・リコール オペレーションミス 悪質なクレーム 環境汚染	事件	テロ 戦争・内乱 騒乱・暴動 サイバーアタック

　ハザードリスクに含まれる危機事象もさまざまです。縦軸に「経営への影響」の大小、横軸に「発生頻度」の高低を取ってマッピングしてみるとそれぞれの危機事象の特徴がわかります。

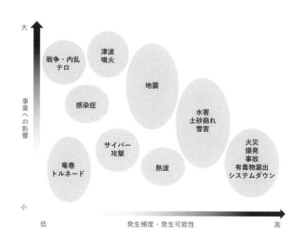

また、発生を事前に認識でき、いつ被害にあうかがある程度予測可能である「進行型」の危機事象と、発生の予測が難しく短期間の現象である「突発型」の危機事象に分類することも有効です。

●「突発型」危機事象

　頻度は低いものの、予測が困難で突然発生する危機事象を指します。代表的なものは地震やそれに伴う津波、火山の噴火、事故や火災、サイバー攻撃、テロなどがあります。

　予測が難しい以上、事前の備えが全てになります。竜巻も発生頻度は高くなく、「突発型」の危機事象と言えますが、気象庁が発表している竜巻注意情報や竜巻発生確度ナウキャストによってリスクの高まりを知ることは可能です。

●「進行型」危機事象

　風水害や雪害は、時間とともに事態が進展していく「進行型」の危機事象です。事前にハザードマップ等で存在するリスクを確認しておき、気象予測（台風の進路予測や降雪の予報など）からリスクの高まりを把握することができます。

　適切な対応をすれば被害の予防・低減が可能であることから、対策の費用対効果が高い危機事象と言えます。土砂崩れは、大雨などでその発生可能性が高まるという意味では「進行型」と言えますが、その発生タイミングを予測するのは難しいため「突発型」の特徴を兼備しています。

●その他

　戦争や内乱は突然始まることは少なく、当該地域の情勢を注視することでその端緒をつかむことは可能です。しかし、国によっては情報を得ることが非常に困難なため、いかに情報ソースを確保するかが鍵になります。

　また、感染症はその影響が長期間に及ぶのが特徴で、その他の自然災害とは明確に違う性質の危機事象と言えます。その影響は時間をかけて広がる「進行型」であるため、対処を行う時間的猶予はあると言えますが、感染者数は一進一退を繰り返して収束していくため、事業運営では細かい対応をせざるをえず大きな負担がかかります。

今後 10 年で最も深刻なリスクは

　世界的な問題の改善に取り組むことを目的とした非営利団体「世界経済フォーラム」が、グローバルレベルで最も深刻なリスクについて 650 の加盟団体を対象に調査したところ、世界の政府や企業などのリーダーたちは下図にあるような事象を挙げました。

1	気候変動へのアクション失敗
2	異常気象
3	生物多様性喪失
4	社会的結束の浸食
5	生計危機
6	感染症
7	人間による環境へのダメージ
8	天然資源危機
9	国家の債務危機
10	地政学的対立

出典：世界経済フォーラム「The Global Risks Report 2022」

1, 2, 3, 7, 8位に挙げられているのはいずれも気候変動や地球環境に関することで、「気候危機」が世界的な関心事になっていることがよくわかります。

　それを受けて、各国政府や企業は脱炭素に向けて大きく舵を切っています。この流れが続けば、炭素集約型産業への依存を続ける国や企業が競争優位を急速に失うことになり、雇用がスムーズに移行されなければ、経済的不安や失業者数増につながるでしょう。

　石油や石炭といった従来のエネルギー資源の価値が急激に変化することは、地政学的な緊張につながる可能性があります。

　また、社会の分断や格差拡大も問題となります。新型コロナウイルス流行後、富めるものはますます富み、貧しいものはますます貧しくなる、いわゆる「K字型経済回復」をたどっています。格差の広がりは社会としての一体感を失わせ、階層間・世代間のギャップが民主主義を浸食します。まさに現在米国で起きている現象ですが、日本にも同様の構図はあり、対岸の火事と傍観していられません。こうした事象が、ランキングの中に「4　社会的結束の浸食」「5　生計危機」が入ってきたことの背景と言えるでしょう。

自然災害による損害

　BCPにおいて企業が想定すべき危機事象は数多くありますが、災害大国・日本においては、自然災害が最も重視すべきリスクとなるのではないでしょうか。

　ただし、一口に自然災害といっても、水害もあれば地震もあり、その態様や気をつけるべきポイントは同一ではありません。まずは自然災害

の全体をとらえ、その後個別の災害について見ていきたいと思います。

　内閣府のまとめる防災白書によると、日本の国土面積は世界の中で0.25% に過ぎないのにも関わらず、1978 年から 2007 年の合計で、災害被害額は世界全体の 13.4% を占めています。

　また、国際赤十字連盟がまとめた数字によると、2008 年から 2017 年の 10 年間の自然災害による損失額を、国民 1 人あたりで割ると日本が 22.5 万円で 1 位となり、2 位米国の 17.2 万円、3 位が中国の 2.5 万円と続きます。

　個々の災害単位で見てみても、経済損失額の 1 位は東日本大震災、2 位が阪神・淡路大震災となっています。

　また、日本から世界を見渡してみると、災害が起きやすいエリアと起きにくいエリアで濃淡がありますが、日本の近隣、つまり中国やASEAN 諸国、南アジアなどは自然災害が多発する地域と言え、グローバルなオペレーションを考える際にも自然災害というファクターを重視せざるをえません。

自然災害による経済損失額トップ10（1900-2021年）

（1ドル＝115円で計算）

年・月	災害	地域	損失額
2011年11月	東日本大震災	日本	32.8兆円
1995年1月	阪神・淡路大震災	日本	21.3兆円
2005年8月	ハリケーン・カトリーナ	米国	19.8兆円
2008年5月	四川大地震	中国	17.5兆円
2017年8月	ハリケーン・ハービー	米国	15.9兆円
2017年9月	ハリケーン・マリア	プエルトリコ/カリブ	11.4兆円
2012年10月	ハリケーン・サンディ	米国/カリブ/カナダ	10.4兆円
2017年9月	ハリケーン・イルマ	米国/カリブ	9.8兆円
1994年1月	ノースリッジ地震	米国	9.4兆円
2021年8月	ハリケーン・アイダ	米国/カリブ	8.6兆円

出典：2021 Weather, Climate and Catastrophe Insight Report <Aon>

自然災害により生じる損害額は下のグラフの通り増加傾向にあります。2011年は日本の東日本大震災、2017年は北米で多発したハリケーン被害によって、特に総額が押し上げられています。

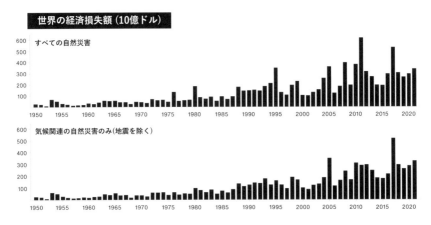

出典：2021 Weather, Climate and Catastrophe Insight Report <Aon>

　ではどのような自然災害による損害が大きいのでしょうか。
　世界における経済損失の累積額を見てみると水害が最も多く、熱帯低気圧がそれに続きます。この2つで累計額599兆円にのぼり、やはり豪雨や台風、洪水など「水」に関する自然災害が圧倒的に大きな損害を及ぼしていることがわかります。
　そこに続くのは地震で、累計197兆円。地震は規模の大きいものは先進国でも大きな損害を出しますが、耐震対策などの対策が不十分な発展途上国では大きくない地震でも多大な被害が出ることになります。

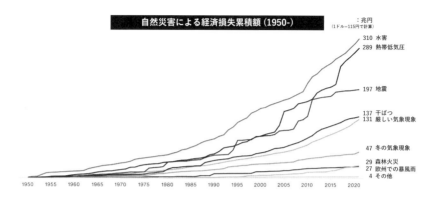

出典：2021 Weather, Climate and Catastrophe Insight Report ＜Aon＞

　さらに、温室効果ガス排出に起因する気候変動によって、自然災害は著しく増加すると言われています。

　国際社会は、産業革命以前からの平均温度上昇を1.5℃までに抑えることを目標としています。それでも異常気象の増加は避けられないと見られており、さらに0.5℃加わって2.0℃上昇すると影響はより甚大になります。

	1.5℃上昇	2.0℃上昇
熱波に襲われる人口	全人口の9% （約7億人）	全人口の28% （約20億人）
洪水のリスク	100%増	170%増
海面上昇	2100年までに48cm上昇し、 4600万人が影響をうける	2100年までに56cm上昇し、 4900万人が影響をうける
サンゴ礁	約70%の生息域が失われる	ほぼすべての生息域が失われる
北極で夏場に海氷 が消失する頻度	少なくとも 100年に1度	少なくとも 10年に1度
水の利用可能性	2100年までに都市人口の内 3億5000万人が深刻な水不足に	2100年までに都市人口の内 4億1000万人が深刻な水不足に

出典：IPCC「1.5℃特別報告書」の概要（環境省）のデータより作成

水害・土砂崩れ・熱波などの増加を避けることは難しく、そのリスクを低減することを経営課題としてしっかり認識しておく必要があるでしょう。

水害

　ここからは個々の自然災害についてより詳細に見ていきましょう。

　水害は台風や集中豪雨などにより引き起こされ、外水氾濫と内水氾濫に区別されます。

　外水氾濫は、河川が氾濫したり、堤防が決壊することで河川の水があふれだす現象です。川から市街地に勢いよく水が流れ込み、河川に近いエリアほど被害が大きくなる傾向があります。

　内水氾濫はさらに2つに分類され、市街地の用水路や下水溝による排水能力が限界を迎えて冠水が広がる「氾濫型の内水氾濫」と、河川の水位が高くなり、水が排水路を逆流して起こる「湛水型の内水氾濫」があります。

　水害は突発的に起こるわけではない「進行型」の災害です。ハザードマップで自社の資産が水害のリスクの高い場所にあるかどうかを確認しておき、気象庁による予報や洪水キキクル（洪水警報の危険分布）などによってリスクの高まりを覚知し、準備する猶予があることが特徴と言えます。

　そういった意味では、水害というのは効果がある対策を打つことが可能な災害と言うことができるでしょう。

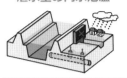

出典：気象庁

　水害はひとたび起きると、人の生命を脅かすのと同時に、建物や生活イ
ンフラを破壊してしまいます。特に近年豪雨による大規模な水害が相次
いでおり、気候変動による多発化・激甚化が危惧されているところです。

　以前はあまり聞かなかった「線状降水帯」という言葉もすっかり一般
的になりました。線状降水帯とは、「次々と発生する発達した雨雲によっ
て数時間にわたってほぼ同じ場所に強い降水がある雨域」を指します。

　2020 年 7 月の豪雨では、多数の「線状降水帯」によって熊本県を中
心に広範囲にわたって記録的な大雨が降り、多大な被害が出たことから
注目を浴びました。気象庁を中心に予測精度向上の取り組みが進められ
ています。

　世界での水害の状況はどうなっているのでしょうか。世界的な再保険
会社である Swiss Re 社の研究部門「Swiss Re Institute」の報告によると、
2021 年に世界を襲った自然災害による損害額は約 2,800 億ドルにのぼ
りました。その中で、洪水・暴風雨・熱帯低気圧など水害による損害は、
その約 8 割にあたる約 2,200 億ドルに及びます。

次のグラフは、世界で保険でカバーされた損害額を、「地震／津波」に関連したものと「水害」に関連したものに分けて棒グラフ化したものです。

「地震／津波」については、阪神・淡路大震災やチリ地震、東日本大震災が発生した年の割合は小さくないものの、それ以外の年については圧倒的に「水害」関連の損害額が大きくなっています。

　水害については、米国にハリケーン・カトリーナが襲来した2005年、ハービー／イルマ／マリアの3つのハリケーンが発生した2017年の損害額が抜きんでています。2013〜2015年の損害額は大きくなかったものの、その後は長期的傾向である「年5〜7％増加」というトレンドに戻ったと報告書は評しています。

　10年移動平均の線グラフを見てみても、長期的には一貫して損害が大きくなってきていることがわかります。

　絶対的な損害額の大きさとその増加傾向からも、水害は我々が力を入れて対策に取り組むべき災害だと言うことができます。

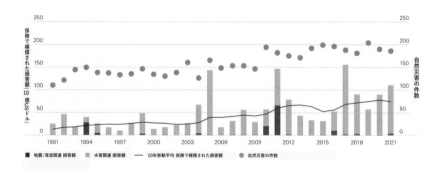

出典：Swiss Re Institute "Sigma" より一部スペクティ翻訳

地震・津波

　日本において、世界のマグニチュード6.0以上の地震の約2割が起こっていることからわかる通り、我が国は有数の地震大国と言えます。

　日本列島は4つのプレートがぶつかりあう地域に横たわり、活断層も多いことから、いつどこで大きな地震が起きてもおかしくありません。また、東日本大震災を例に挙げるまでもなく、地震に付随して発生する津波も大規模な被害をもたらします。

　地震は「突発型」の自然災害ですが、津波到達までに一定の時間の猶予があるケースも多くあります。津波発生の可能性をきちんと覚知する手段の確保、およびその際の行動計画を立てておくことが非常に重要になります。

近年発生した大規模地震と被害

	マグニチュード	死者 行方不明者	負傷者
1995年1月 **阪神・淡路大震災**	M7.3	6,434	43,792
2004年10月 **新潟県中越地震**	M6.8	68	4,805
2011年3月 **東日本大震災**	M9.0	19,729	6,233
2016年4月 **熊本地震**	M7.3	273	2,809
2018年9月 **北海道胆振東部地震**	M6.7	43	782

出典：総務省・気象庁のデータより作成

　地震の被害や影響は広範囲に渡ることが大きな特徴です。人命に直結するのは建物の倒壊で、発生時間帯によっては火災も大きな脅威です。

倒れた建物や道路の損傷などによって消火活動が妨げられると大きな被害につながります。

　日本では大規模な地震として、①日本海溝・千島海溝周辺海溝型地震、②首都直下地震、③東海地震、④南海トラフ地震の発生が危惧されています。

日本で発生が危惧される大規模地震

予知の可能性のある地震

東海地震

概ね１００年～１５０年の間隔で大規模な地震が発生。安政東海地震（１８５４）から１６１年間大地震が発生していないため相当なひずみが蓄積されており、いつ発生してもおかしくない。

西日本全域に及ぶ巨大地震

南海トラフ地震

東海、東南海、南海地震の単独、２連動、３連動の地震、最大クラスの地震

南海トラフで発生するM８からM９クラスの地震の**３０年以内の発生確率：７０%**程度

根室沖の地震（M７.９程度）の**３０年以内の発生確率：３０～４０%**

日本海溝・千島海溝周辺海溝型地震

東北地方太平洋地震（東日本大震災）の震源域

日本の中枢機能の被災が懸念

首都直下地震

M７クラスの直下地震

南関東地域におけるM７クラスの地震の**３０年以内の発生確率：７０%**程度

M８クラスの海溝型地震・大正関東地震タイプ

M８クラスの大正型関東地震の**３０年以内の発生確率：０～５%**程度

海溝型地震
直下型地震

出典：中小企業庁「BCPの必要性と国の支援策について」

　南海トラフ地震は、津波を含めて１万5889人の死者2,529人の行方不明者を出した未曽有の大災害である東日本大震災に匹敵、またはそれを凌駕する恐れがある地震です。

　南海トラフとは、日本列島の南方100 ～ 150kmの海底 を走っている溝で、海洋プレートが大陸プレートに沈み込んでいる場所です。これ

までの記録や観測から、ひずみが溜まっているとされ、地震発生の確率が高まっています。

　M8.0 〜 9.0 クラスの地震が 30 年以内に発生する確率が 70 〜 80% と見られており、いつ起きてもおかしくない状況です。2019 年 5 月に中央防災会議が公表した被害想定では、最悪のケースで想定死者数が約 23 万、建物の全壊が約 209 万棟、建物・資産の直接被害額が約 172 兆円と見込まれています。

　津波はについては、地震調査委員会が 2020 年 1 月、南海トラフ地震が発生した際の津波の発生確率を発表しました。

　木造家屋が全壊するとされる 3 メートル以上の津波に見舞われる確率が 26% 以上だったのは 1 都 9 県の 71 自治体。さらに 5 メートル以上の発生確率が 26% 以上だったのは静岡県掛川市や下田市、愛知県豊橋市、三重県伊勢市など 29 自治体。10 メートル以上の発生確率が 6 ％以上 26% 未満だったのは静岡県沼津市や南伊豆町、高知県黒潮町、三重県熊野市、徳島県海陽町など 21 自治体でした。

　いずれにしても、非常に広い範囲において大きな被害が出ることは避けられないと考えられています。

　一方、首都直下地震も甚大な被害をもたらすことが予想されています。京都の防災会議地震部会は 2022 年 5 月、首都直下地震が発生した際の被害想定を 10 年ぶりに刷新しました。

　いくつかのケースに分けて想定がされていますが、「都心南部直下地震（M7.3）」のケースでは、揺れ・液状化による建物全壊が 82,199 軒、火災による建物消失が 39,281 軒、停電率 9.5%、上水道断水率 26.4%、死者数 3,547 人、避難者数最大 265 万人という被害が見込まれています。

　特に平日昼間に発生するケースにおいては、最大 453 万人に上ると予想される帰宅困難者の問題が大きくなると思われます。

　これまで、2011 年の東日本大震災や 2021 年 10 月に発生した千葉県

北西部地震の際など、幾度か東京において帰宅困難者が発生しました。幸か不幸かそれらのケースでは徒歩などで無事に帰れ（てしまっ）たために、いざ首都直下型地震が発生した際にも楽天的に考え、すぐに徒歩で帰宅しようとする人が多く出るかもしれません。

　しかし、もし東京の街の建造物が崩落など大きな被害を受けた場合には、徒歩での帰宅は非常に危険なものになるでしょう。また、救助車両などの交通を妨げてしまうことも考えられます。

　企業としては、オフィスにいる自社従業員にどのような指示を出すのか、留まらせる場合の備蓄をどれだけ準備すればいいかなど、予め検討しておく必要があると思われます。

　また、もちろん海外でも地震は発生します。地震が多発しているのは、日本列島を含み、太平洋の周囲をぐるっと取り巻く「環太平洋火山帯」に重なる地域で、ここには世界の活火山の６割が集中しています。

　南米や太平洋のポリネシア地域でたびたび M8.0 を超える大地震が起きていますが、近年では 2022 年 1 月に発生したトンガ沖海底火山の大噴火で、衝撃による津波が日本にも到達しました。

　地震が発生する可能性のある場所というのはある程度決まっているため、リスクの特定・把握はしやすいと言えますが、発展途上国では建物やインフラが脆弱なことから被害が拡大する傾向にあります。

　2005 年 12 日に発生したスマトラ島沖地震はマグニチュード 9 という大地震で巨大な津波が発生し、インドネシアをはじめインド洋沿岸諸国に死者・行方不明者 233,000 名という津波災害史上最大の被害を出しました。

土砂災害

　土砂災害は単発でも起こることがありますが、集中豪雨や地震などが引き金になることが多い災害で、一度発生すると一瞬にして多くの人命や住宅などの資産を奪ってしまうことがある恐ろしい災害です。国土の7割を山地・丘陵地が占めて起伏に富み、地殻変動が活発なエリアに位置する日本列島は、土砂災害が発生しやすい条件がそろっています。

　自然災害による死者・行方不明者のうち、土砂災害によるものは全体の4割を占めています。発生件数は平均して年に1,000件以上にのぼり、豪雨の多かった平成30年には実に3,500件近い土砂崩れが発生しました。

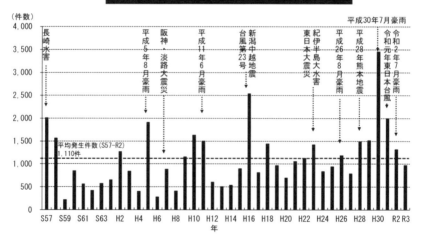

土砂災害発生件数の推移（昭和57年〜令和3年）

出典：国土交通省

土砂災害が発生するリスクが高い場所はある程度特定できており、土砂災害防止法に基づいて各自治体が「土砂災害ハザードマップ」を整備しています。

　まずは自社の資産がリスクの高い「土砂災害危険箇所」または「土砂災害警戒区域」の中にあるかどうかを確認することが対策の第一歩となります。

　また、地鳴りや山鳴りが聞こえる、山の斜面から小石がパラパラと落ちてくる、斜面からの湧水が濁ったり、湧き方が急に変化する、腐った土の匂いがするなどの前兆現象があることが多いため、そうした変化に敏感になっておくことも大切でしょう。

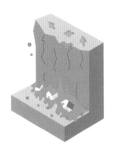

崖崩れ

大雨や地震などの影響で瞬時に斜面が崩れ落ちる現象

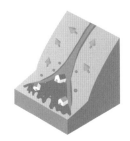

土石流

渓流に貯まった土砂が長雨や集中豪雨などによって、一気に下流へ押し流される現象

地滑り

地下水の影響で比較的緩やかな斜面がゆっくりと斜面下方に移動する現象

雪害

　冬に大陸から冷たい北西季節風が吹き、そこに相対的に温度の高い日本海から多くの水分が蒸気として乗っかり、日本列島の山々にぶつかっ

て大量の雪雲が発生することから、日本海側を中心に豪雪地帯が広がっています。

　国土交通省は「豪雪地帯・特別豪雪地帯」を指定して対策を講じていますが、そのエリアは日本の国土の半分以上にあたる約 19 万平方 km に及び、約 2,000 万人が生活を送っています。

　雪害の代表的なものとしては、除雪中の事故や雪崩、停電や断水といったライフラインの障害などがあります。

　企業活動に最も大きな影響を与えるのは交通機関の乱れ、特に多くの自動車が立ち往生してしまうスタックが挙げられるでしょう。スタックが幹線道路や高速道路で発生すると、物流がストップしてしまうとともに、車の中に長時間閉じ込められてしまった人の命にも危険が及びます。

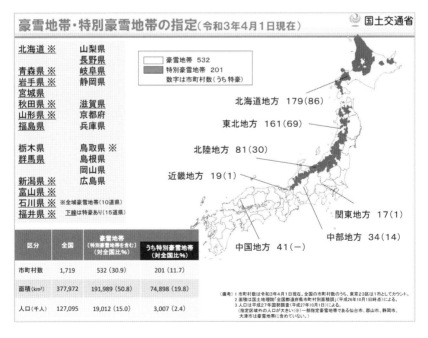

出典：国土交通省

例えば、石川県や福井県などを走る北陸自動車道や新潟県などを走る関越自動車道などでは毎年のようにスタックが発生します。その際、高速道路を通行止めにするなどの対応をすると、平行して走る幹線道路が大渋滞を起こしてしまうなど、解決は簡単ではありません。

　一方で、普段雪が降らないエリアで大雪が降った場合も、リスクが高まります。2018年に東京の都市部で降った雪では、ノーマルタイヤの自動車が多く立ち往生し、交通が一部麻痺しました。対応に不慣れなことで転倒して怪我を負う例も発生します。

火山噴火

　火山が噴火すると、噴石・火砕流・火山泥流・溶岩流・火山ガスによって人的・物的な被害が出るだけでなく、火山灰は交通・電力・水道などのライフラインに影響を与えます。
　火山灰は想像するよりも影響が大きく、鉄道は微量の灰でもレールの通電不良によって走行が不可能になります。また道路も10cm以上積もると四輪駆動車でもない限り通行が難しくなります。
　電力設備に灰が付着することによる停電や、水源に灰が入り込むことによって浄水施設の処理能力がひっ迫して断水が起こるなどの影響も考えられます。

　世界には約1,500の活火山がありますが、日本はそのうち約7％にあたる111の活火山を有しています。
　火山噴火は基本的に「突発型災害」と言えますが、山体のふくらみや地熱などを計測することで噴火リスクの高まりを計測し、前兆をとらえ

ることは可能です。日本では 50 の火山が「常時観測火山」に指定されており、気象庁が予報・警報・特別警報を発表する体制を整えています。

　日本では 2014 年、御岳山の噴火で多くの死傷者が出ました。世界を見てみるとアイスランド、インドネシア、フィリピン、トンガなどで近年大きな噴火が発生しており、航空便の運航がストップしたり、観光産業が大きな打撃を受けています。

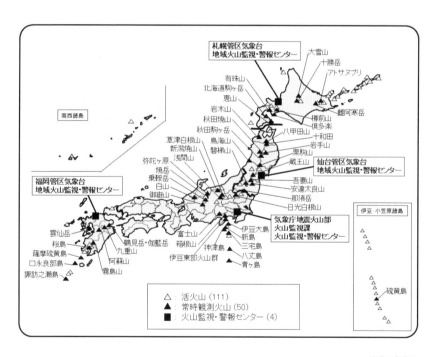

出典：気象庁

日本を代表する山であり、活火山でもあるのが富士山です。

　最新の調査によって、富士山噴火が従来の予測よりもより深刻な被害をもたらす可能性が出てきたことがわかりました。

　2021年には、富士山火山防災対策協議会によって従来のハザードマップが改定されています。火山噴火は、噴火の規模や風向き、噴火口がどこにできるかなどによって、被害の大きさや範囲が大きく変わってくるのが難しいところです。

　もし、東京都心にも降灰が及んで10センチ以上積もる場合、経済への打撃は甚大で、被害額は実に2兆5000億円に及ぶと想定されています。

　富士山は過去の記録から、平均で30年に一度噴火していたことがわかっています。直近の最後の噴火は約300年前の江戸時代、1707年の「宝永噴火」であることから、いつ噴火してもおかしくないと言えるでしょう。

竜巻・トルネード

　竜巻は、発達した積乱雲による強い上昇気流によって生じる空気の渦巻きです。日本における1年あたりの発生数は約50〜60件程度であり、ひとつの地点における発生確率は非常に低くなりますが、ひとたび発生すると大きな被害が生じます。

　台風や寒冷前線、低気圧などに伴って積乱雲が発達しやすい条件が整うと発生しやすくなり、記録上8月から10月に多くなっていますが、季節に関わらず発生します。

　2017年8月7日には愛知県豊橋市で、台風5号が接近する中で風速

65メートル/秒に達する竜巻が発生。市内で約3キロにわたり家屋の
ガラスが割れたり、屋根瓦が飛ばされたりして30棟以上に被害が出た
ほか、3人が軽傷を負いました。ドライブレコーダーの画像では木が根
こそぎ倒れたり、トラックが横転寸前になる様子が捉えられていました。

　また、2019年10月12日に千葉県市原市では風速55メートル/秒の
竜巻を記録。人的被害として死者1名、軽傷者9名、住宅の被害とし
て全壊12件、半壊23件、一部損壊54件に達しました。ゴルフ練習場
の鉄柱が倒壊し、近隣の住宅に倒れ掛かった映像がニュースで繰り返し
流されたので、ご記憶の方も多いと思います。

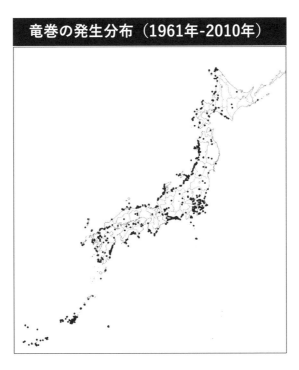

竜巻の発生分布（1961年-2010年）

出典：気象庁

また、海外に目を向けると、アメリカではトルネード（北米大陸で発生する巨大な竜巻）の被害規模が日本とはけた違いです。発生する条件が揃いやすい中西部・中南部を中心に年間1,000以上発生し、毎年数百人が亡くなっています。

　近年では、2021年12月にケンタッキー州など8つの州で59個ものトルネードが発生。100人近い死者が出たほか、大手物流会社の拠点が半壊、クリスマス商戦期であったこともあり年末の物流に大きな混乱が生じました。

　竜巻は、気象現象としては規模が小さいことから、従来のレーダーなどでは実態をとらえることが難しいというのが特徴です。

　現時点で竜巻の発生を正確に予測することは困難ですが、気象庁は「竜巻注意情報」を発表したり、近づく風、遠ざかる風を詳細に測定できる「気象ドップラーレーダー」を使って竜巻が今にも発生する可能性の程度を推定し、「竜巻発生確度ナウキャスト」を公表したりしています。

　これらを確認することで自社拠点のリスクがどれほどあるのかを知ることができますので、飛ばされやすい物を固定する、人が窓際に近づかないなどの予防策をとることは可能です。

熱波と森林火災

顕著な高温が続く「熱波」の影響も見逃せません。

　近年、北米、欧州、ロシアのシベリアなどで過去の最高気温を軽く上回るような熱波が発生しています。例えば、2021年6月には緯度の高いカナダのリットンで気温が何と49.5度に達し、シベリアの北極圏で

も気温 38.0 度を記録しました。

　このような熱波が人間社会に及ぼす悪影響は、熱中症による死者増加だけではありません。経済活動の生産性を著しく落とす原因となります。

　国際労働機関（ILO）が 2019 年に発表した報告書「Working on a warmer planet」によると、猛暑により 2030 年までに主に低所得から中所得の国で、総労働時間が 2.2%（8,000 万人分のフルタイムの雇用に相当）減少し、経済損失は全世界で実に 2 兆 4000 億ドルに及ぶとされています。

　最も影響を受けるセクターは農業セクターですが、建設業や運輸業、旅行業界なども大きな影響を受ける可能性があります。

　また、熱波が引き起こす自然災害もあります。インドやパキスタンの北部山岳地帯では、熱波でヒマラヤの氷河が融けたことが原因と考えられる洪水が頻繁に起きています。

　さらに、世界中で森林火災が増加傾向にあります。

　アメリカ西海岸やオーストラリアでは毎年大規模な火災が発生し、人々の生活や生態系を脅かしています。また欧州やトルコ、ロシア、ブラジルなどでも被害が出ています。当然、企業の従業員の安全や物流にとって脅威となりえます。

　熱波は、森林火災が発生しやすい条件である「高温」と「乾燥」をもたらし、そこに強風が加わると森林火災が急増します。2020 年の米国西部では、そうした「森林火災が起きやすい条件」の日数が、1973 年と比較して 2 倍・3 倍に増加しているエリアが多いというデータがあります。森林火災は、二酸化炭素の供給源である森林を失わせ、かつ燃焼によって大量の二酸化炭素を排出するため、地球温暖化を促進する大きな要因のひとつとなっています。

感染症

　人類の文明の隆興とともに、広範囲に広がる感染症の流行が増加してきました。人類が移動手段を発達させる中で、14世紀にはペスト（推定死者5,000万人）、20世紀前半にはスペイン風邪（同4,000万人）、20世紀後半以降はHIV/エイズ（同3,900万人）といった感染症の流行が発生しました。

　さらに、グローバル化とさらなる経済発展によって移動人口が増加したことが、新型インフルエンザ、SARS、MERS、新型コロナウイルスといった近年の感染症の流行につながっています。今後も新型感染症の発生・流行は免れえないと考えておくべきでしょう。

　感染症は、その影響が非常に長期間に及ぶのが特徴で、その他のハザードリスクとは明確に違う性質を持った危機事象と言えます。また、その影響は時間をかけて広がる「進行型」であるため、対策を検討してアクションを取る時間的猶予はあると言えますが、感染者数は一進一退を繰り返して収束していきます。そのため事業運営では、それに合わせたリソースの再調整を繰り返し強いられることになります。

　ここでは、「感染症」という危機事象の特性を、他の自然災害と対比することでまとめます。

	「他の自然災害」		「感染症」
被害対象	人だけでなく、建物・設備・インフラなどのリソース全体が被害を受ける		人が稼働できなくなることで、その他リソースの利用も制限され、広く経済活動の停滞が起こる
被害地域	局地的		局地的の場合もあるが全世界に拡大することも
応援	非被災地域から応援が可能		他の場所からの応援が難しい
回復過程	災害の種類によるが基本的に直線的に回復する		徐々に拡大し、回復段階では何度か感染の波を繰り返してから終息
事前対策	防災訓練防災設備の拡充		・テレワーク化・感染予防・健康管理

データ出典：総務省消防庁「消防白書」

火災

ここからは自然災害以外のハザードリスクについて見ていきます。

火災は企業にとって非常に一般的な脅威です。工場や物流拠点で火災が発生すると、従業員に危険が及ぶとともに、サプライチェーンの綻びとなって多方面に重大な影響が出ます。

最近でも旭化成エレクトロニクス工場や日立物流西日本の倉庫など、広く影響が波及する火災がありました。可燃性の高い物質を扱う工場や倉庫では鎮火までに長期間を有するケースも多くあります。

企業の事業所における火災は増加しているのでしょうか？

次ページのグラフは、近年の全国における工場・事務所・倉庫における1万軒あたりの火災発生件数です。

工場については2015年以降増加傾向にありましたが、2020年には減少しています。対象期間全体を見ればほぼ横ばいと考えてよいでしょう。

今後については、設備やインフラの老朽化、コストダウンの追及による省人化、人手不足やリモートワークを背景とした事業所に滞在する人員の減少などのトレンドがあり、そうした状況に応じた防火対策が必要になると思われます。

　自然災害のような不可抗力な事象とは異なり、その発生原因は人による不注意や、設備の老朽化を含む管理不備によるものがほとんどです。しっかりと対策を講じることが重要な危機事象となります。

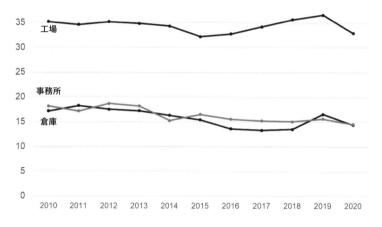

データ出典：総務省消防庁「消防白書」

サイバー攻撃

　社会インフラのデジタル化に伴ってサイバー攻撃の脅威は増大しています。突発的に起こる危機事象と言えますが、恐ろしいのは、気づいた

時点ではいつから攻撃が行われ、その範囲がどこまで及ぶのかを把握するのが困難な点です。原因と影響範囲を特定する作業を経て、初めて復旧を行うことができます。

　サイバー攻撃は、特定のターゲットを狙ったもの、不特定を攻撃するもの、システムに負荷をかけるものなど実に多くの種類・手口があります。その目的も金銭を奪うものから、組織のイメージダウンを図るもの、単なる愉快犯まで多岐に渡ります。

　いずれにせよ、ITシステムに依存したビジネス環境で活動する現代企業にとって、ひとたびサイバー攻撃を受けると、ビジネス機会の損失や復旧コストが発生します。

　また、例えば情報を漏洩されてしまうことによって損害賠償を請求されたり、顧客や取引先からの信用を失ってしまうこともありえますし、社外に影響が出た場合には広報対応など対外的なコミュニケーションも行わなければならず、企業にとっての負担は甚大です。

●標的型攻撃メール
　重要な情報を盗むことなどを目的に、主にマルウェア（悪意のあるソフトウェア）付きの電子メールを用いて特定の企業や個人を狙うものです。

●ランサムウェア
　コンピュータをロックしたり、保存してあるデータファイルを暗号化したりすることで業務継続を困難にし、元に戻すことと引き換えにランサム（身代金）を要求する手口です。

●ウェブサイト改ざん
　企業が運営するウェブサイトに外部から侵入し、その内容を書き換え

てしまう攻撃です。悪意のあるソフトウェアを仕込まれ、訪れたユーザー
に被害が及ぶケースもあります。

● DDoS 攻撃
　複数のウェブサイトやコンピュータを踏み台に、外部から大量のデー
タを送り付けることで過大な通信を発生させ、企業のシステムが正常に
稼働できない状態に追い込みます。

　これまではサイバー攻撃による被害は PC などの IT 機器やサイバー
空間上に限られていました。ところが、IoT の広がりでさまざまな機器
がつながったことにより、現実空間にその被害が広がる可能性が大きく
なってきています。
　例えば、スマートホームにおける鍵や照明などが使えなくなる、イン
ターネットにつながった工場の産業用ロボットが制御不能になる、将来
的にはコネクテッドカーが被害を受けるケースも考えられます。

　この脅威に対しては、サイバーセキュリティのプロを活用して最新の
情勢に合わせた対策を打ち、それを絶えずアップデートしていくことが
大切です。しかし備えに完璧はありません。被害が出てしまった際の対
応を整えておくことも同時に不可欠になります。

地政学リスク

　地政学リスクとは、特定の地域が抱える政治的または軍事的な緊張の高まりが、国際政治や経済の先行きを不透明にするリスクを言います。

　これまで経済成長とグローバル化に邁進してきた世界も曲がり角を迎え、方向性が見えない時代に突入しています。地政学リスクは相互に影響を及ぼしあい、日々情勢は変転していきます。

　想像力を働かせながら、世界中で起こるさまざまな事象を観察するとともに「自社の従業員の安全が脅かされる」「自社の事業やサプライチェーンが阻害される」ことにつながる予兆を常に把握しておく必要があります。

　例えばミャンマーでの軍事クーデターによってビジネス撤退を余儀なくされる。ウイグル人権問題にからみ調達の見直しを迫られる。顕著な例で言えばロシアのウクライナ侵攻にからみ石油・天然ガスの事業を接収される。

　こうした事象は、青天の霹靂で起きることは少なく、ぐつぐつと地下で沸いているマグマが、何かのトリガーをきっかけに噴出する形で表面化します。どこにどのようなリスクがあり、直近でどのような変化があるのかを監視し続けることが大切です。

　危機管理に活かせる地政学の知識については第6章にて詳述します。

- ・米中のデカップリング/ロシア・NATO対立による世界の分断
- ・気候危機対策としての脱炭素化とエネルギーに関するパワーバランスの変化
- ・コロナからの回復過程における格差の拡大と社会の分断（民主主義の後退）
- ・グローバルな協調から、自国第一主義のローカライゼーションへの流れ

- ・サウジアラビアとイランの対立
- ・トルコの強権化と経済危機

- ・格差拡大と社会の分断
- ・政治の不安定化

- ・中国の内向化と攻撃的外交姿勢
- ・南シナ海やインド太平洋地域における勢力争い

- ・ポスト・メルケル時代のEUの勢力図変化
- ・ブレグジットの後遺症

世界の紛争
- ・ウクライナ
- ・エチオピア
- ・イエメン
- ・シリア
- ・リビア
- ・アフガニスタン
- ・ミャンマー

- ・コロナ禍での財政悪化と債務返済危機
- ・西アフリカ地域のクーデターと不安定化

- ・米国グローバルパワーの凋落と
　それに伴う対米関係の変化

第1部

重要性を増す BCP
（事業継続計画）

第3章

何を想定し、
どう発生を覚知するか

BCPは「シナリオベース型」から「オールハザード型」へ

　企業が多岐に渡るリスクにさらされていることはわかりましたが、どのような事態を想定し、準備をすればよいのでしょうか。

　企業は従来、「こういう危機事象が発生したら、このような被害がここに生じて……」という形で被災シナリオを一つひとつ作成し、それに基づいてBCPを策定したり、事前対策を実施してきました。
　「M.7.5の首都直下型地震が発生して、事業所が停電、交通機関も麻痺したら」「新型の感染症が流行し、工場に人を集めることが不可能になったら」などといった想定をもとに対応を考えるイメージです。

　この場合、初動からの対応手順をマニュアル化・詳細化しやすいというメリットがあります。しかしこのアプローチでは、想定外の事象、つまりシナリオにない事象が発生した時に身動きが取れなくなる可能性があります。
　例えば新型感染症が蔓延する中で地震が発生するような、複合災害が発生するケースも考えられます。また、シナリオの数だけ似たような計画を複数作ることになってしまいドキュメント量が多くなりがちで、社内で訓練を行ったり、定期的に改定をするのにも多大な労力が必要となってしまいます。

　危機の時代に突入したいま、「何が起こるわからない」「想定外は必ず起こる」ということを前提にすると、我々はどのようなアプローチでBCPを策定すればよいでしょうか。
　その答えが「オールハザード型」BCPです。
　2021年2月に経団連が従来型BCPからの転換を促す提言を発表した

ことを受け、大企業を中心にシナリオベースからの見直しが進んでいます。

オールハザード型 BCP とは

オールハザード型 BCP は、考え方をシナリオベース（原因事象に着目）からリソースベース（結果事象に着目）に転換するものです。

具体的には、個別の危機事象に基づくシナリオを起点に考えるのではなく、「この経営リソースを喪失したらどうするか」と考えます。

原因はさておいて、危機事象によって「結果として生じる事象」に着目する、と言い換えてもいいでしょう。

例えば要員の不足、工場全体の操業停止、停電、特定機器の故障、出荷機能の停止、調達部材の不足…などの経営リソースの毀損を BCP の出発点とします。

この考え方に立てば、もしシナリオにないような想定外の危機事象が発生した場合にも対応することが可能となります。

ただし、避難誘導や安否確認などの人命に関わる「初動対応」は、事業継続のための復旧戦略・代替戦略と分けて考えるべきだと思われます。なぜならば、火災や地震、感染症などの「原因事象」によって「初動対応」の中身は変わってくるからです。

オールハザード型BCP

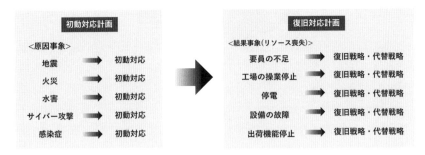

公的な情報の活用

　自社にどのような危険が及ぶ可能性があるのか。それを知るのに公的な情報の活用は欠かせません。

　まず参照すべき情報にハザードマップがあります。ハザードマップとは、災害による被害を最小限に食い止めることを目的に、河川の氾濫によって浸水が予想されるエリアや津波の到達範囲、避難場所や避難経路などの各種情報を地図上に表したものです。

　基本的に市町村が作成をするもので、以前はそれらを一元的に見ることはできませんでしたが、現在は国土交通省が運営する「ハザードマップポータルサイト」（https://disaportal.gsi.go.jp/）で簡単に見ることができます。ハザードマップポータルサイトには「重ねるハザードマップ」と「わがまちハザードマップ」があります。

●重ねるハザードマップ

　全国どこでも一つの地図の上に、洪水、土砂災害、津波、道路防災情報などさまざまな情報を重ねて見ることができます。自社の拠点が全国に散らばっている場合であっても、このハザードマップひとつでさまざまな角度から災害リスクを評価することができます。

●わがまちハザードマップ

　各市町村が作成したハザードマップにリンクされており、市町村ごとの地形や気候的な特色に応じたさまざまな情報を入手することができます。

　国土交通省は2021年2月、これまで大きな河川を対象としていた洪水ハザードマップの作成を、中小河川についても義務づけることを発表しました。

これまで対象の河川は2千あまりだったところ、住宅近くを通る中小河川を中心に1万5千ほど増加することになります。今後さらに内容が拡充していくことが期待できます。

　また、国の防災基本計画に基づき、法律の要請に従って各都道府県および市町村が策定する計画である「地域防災計画」も情報の宝庫です。
　各自治体のホームページからダウンロードすることができ、それぞれの地域の実情に合わせて、「震災編」「風水害編」といった形で分けられています。東京都の場合は、震災編、南海トラフ地震防災対策推進計画、風水害編、火山編、大規模事故編、原子力災害編の6編に分かれています。

　この中で特に注目すべきは、シミュレーションに基づいて作成された被害想定と、地震が発生した際の倒壊危険度や火災危険度などを図示したマップです。
　自社および自社のステークホルダーの立地に鑑み、どのようなリスクがあり、どれほどの被害が想定されるのかを確認することができます。

重ねるハザードマップ

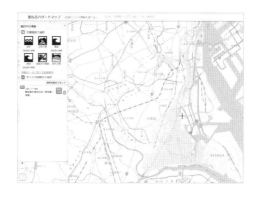

出典：国土交通省「ハザードマップポータルサイト」

**東京都地域防災計画
「地盤に関する地域危険度」**

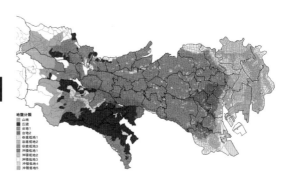

出典：東京都 地域防災計画 震災編

地震の予知は可能か

南海トラフ地震や首都直下型地震など、近く起こる可能性が高いと言われる地震について心配されている方も多いのではないでしょうか。地震という災害が恐ろしいのは、台風や大雪などと異なり、突然襲ってくる点です。

ゆえに、何とか地震の発生を予知することはできないか、多くの研究機関や企業が取り組んできました。

現在も、地震の前兆現象である地表の異常変動をとらえたり、地震に伴う電磁波現象に着目して観測したり、さまざまなアプローチで不断の努力は続いています。そうしたデータが蓄積することで将来的には予知が可能になる可能性が無いとは言えません。

しかし現時点では、地震予知をする＝「地震の場所や規模を事前に科学的に予測すること」は困難であると考えられています。

一方、歴史的な記録から繰り返し地震が起こることがわかっている場所については、次の地震が起こる時期を、期間的に幅をとった形で予測（例：南海トラフ地震が30年以内に発生する確率は70%〜80%）することは可能です。

こうした評価をもとに被害を想定するのが現実的な対応と言えます。

いかに危機事象の発生を覚知するか

どのような事象を想定するのかと同様、いかに事象の発生を知るかは危機対応のクオリティに直結します。

　何か事業の継続を妨げるような危機事象が発生した際、どれだけ迅速にそれを覚知し、正確に状況を把握できるか否かが、その後の対応の成否を決定づけます。事象の内容にもよりますが、初期対応が遅れれば遅れるほど、被害は拡大し、場合によってはそれによって人命が失われてしまうこともありえます。

　早期覚知は迅速な初期対応につながり、それが復旧対応のベースとなります。BCPを策定してどのような対応をするかの計画を緻密に作り上げていたとしても、それを発動させるタイミングが遅れてしまっては、効果が大きく減じてしまいます。
　危機事象の早期覚知の重要性は、効果的な危機対応を行うにあたって強調してしすぎることのないポイントだと思われます。

危機事象の類型

　前述したように、危機事象には大きく分けて、事前に発生や被害の規模が想定できる「進行型」と、発生の予測や準備が難しい「突発型」があります。

例えば台風は、その大きさや予想進路を数日前から知ることができるため、ある程度の被害想定や事前対策を行うことができます。

　感染症も広がるのに一定の時間がかかるために進行型と言えるでしょう。

　一方、地震や事故などは突発型で、その発生を事前に察知することは困難です。

　その中間に位置する危機事象もあります。

　例えば戦争・内乱は何の前触れもなく勃発することは少なく、リスクが高まっていき、ある時点で一線を越えることがほとんどでしょう。

　また火山噴火は、正確な噴火の時間や場所はわからなくとも、山体や地熱の観測をすることでリスクの高まりを知ることができます。

タイムラインとキキクルの活用

　危機事象の発生や危険が迫っていることを覚知することの重要性を述べましたが、特に進行型の危機事象（台風、豪雪など）については「タイムライン」を策定することで、発災覚知前後の行動を効率的に行うことができるようになります。

　タイムラインとは、災害の発生を前提として、それが迫ってきた際に「どのタイミングで」「誰が」「どんな防災行動をする」のかを時系列に整理してまとめた計画をいいます。

　2012 年に米国に上陸して甚大な被害をもたらしたハリケーン・サンディの際に、ニュージャージー州がタイムラインを活用して避難対策を行い、被害を最小限に食い止めたことから注目され、日本でも自治体を中心に整備が進んでいます。

　タイムラインを策定するメリットは、①緊急時に先を見越した行動ができる、②行動を起こすトリガーを決めておくことで、バイアスに惑わされずに意思決定し、アクションに結びつけられる、③意思決定責任の明確化と必要なアクションの抜け・漏れを防ぐことができる、という点にあります。

　備え→覚知→アクションをスムーズに結びつけるのに役立つツールと言えるでしょう。

　進行型危機事象に特に有効ですが、突発的災害に対しても活用することはできます。例えば地震発生後、いわゆる 72 時間の壁を念頭とした救助や被害抑制のための行動計画をタイムラインの形で策定しておくと効率よく行動することができます。

　次ページの図は、国土交通省の作成した「大規模水災害に関する

タイムライン」です。

　左端に、台風が迫りくる時間軸が示されており、それぞれのタイミングで発生するであろう事象や災害が列挙してあります。それに対し、「誰が、何をするのか」を、図の右側で想定・計画しています。

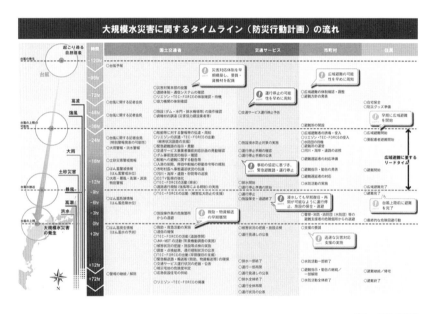

出典：国土交通省

　昨今、台風が接近した時など、鉄道会社が積極的に計画運休をする動きが広まりつつありますが、これも国土交通省が主導し、各社がタイムラインを策定したことに基づきます。

　多くの人に影響が出てしまう運休は、決定基準を決めておくことで、

無茶な運行をしてしまうことが防げ、運休になる基準が公開されていれば、利用客側も代替の移動手段を早めに探すなどの対策が取れます。

　タイムラインを策定したとしても、迫りくる災害の状況を知ることができなければ、効果的な行動をとることはできません。
　進行型危機事象の代表格である台風・水害の状況を把握するのに非常に役に立つのが、気象庁が運用する「キキクル（危険度分布）」（https://www.jma.go.jp/bosai/risk/）です。

　キキクルは、リアルタイムで大雨による災害発生危険度を確認できるウェブサイトで、危険度を５段階に色分けして表示します。
　注意報や警報が自治体全体を対象に発されるのに対し、1kmメッシュ（領域）でリスクの高さを見ることができるため、自社への危険の高まりを細かく確認することができるのが特徴です。
　土砂災害、浸水害、洪水害の３つのマップが用意されており、予測については、土砂キキクル＝２時間先まで、浸水キキクル＝１時間先まで、洪水キキクル＝３時間先まで見ることができます。これとタイムラインを並行して確認することで、的確なアクションにつなげることができるでしょう。

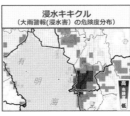

出典：気象庁

第 1 部

重要性を増す BCP
（事業継続計画）

第 4 章

BCP の策定

基本概念図

　この章では、具体的にどうやって BCP を策定するかを見ていきます。まず、策定手順の解説に入る前に、BCP の基本概念図を押さえましょう。

　右の図は、縦軸が業務レベル（工場であれば操業度）、横軸が時間軸を示しています。

　BCP を策定する目的は、危機事象が発生して何らかの被害が出た際に、その被害の規模や影響を抑えこんで、「①許容限界以上のレベルで事業を存続させる」ことが一つ、そして「②許容される時間内に復旧させる」ことがもう一つになります。

　何も策を打たなければ、「現状の予想復旧曲線」（太い点線）のように業務レベルが推移します。すなわち、許容の限界を超えて業務レベルが落ち、工場で例を挙げれば最低限の供給義務を満たす生産量を割り込んでしまいます。またその復旧作業も取引先にコミットした納入を果たせないほど長引いてしまうようなケースをイメージしてください。

　BCP を策定する目的は、この曲線を上方向・左方向に引っ張り上げることにより、許容できるレベルの業務を存続し、許容できる時間内に復旧させることとなります。

　策定手順を進める中で、優先すべき中核事業は何かを決定したり、具体的な復旧目標を設定する際にもこの概念図に立ち返って検討をしてみてください。

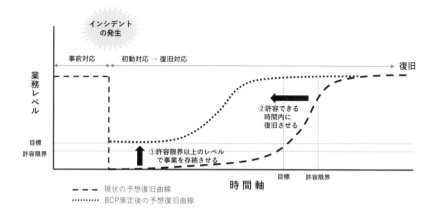

策定のプロセス

　事業の存続と早期復旧を目的としたBCPを策定する、具体的な手順は以下の通りになります。

①方針の策定
　基本的な考え方や、経営戦略の中における位置づけを定義します。

②分析と検討
　自社の中核事業とそれを取り巻くリスクを分析し、復旧の目標などを検討します。

③基本戦略の決定
　事業継続の基本的な戦略と指揮命令系統の維持について考えます。

④計画の策定

分析と戦略に基づいて具体的な事業継続計画を作り上げていきます。

⑤演習と教育／訓練

演習で実効性の確認をし、トレーニングで従業員に普及と定着を図ります。

⑥見直しと改善

事業を取り囲む環境は絶えず変化するため、ブラッシュアップが必須です。

①方針の策定

まずは BCP 策定の前提となる基本方針を決定します。

　全社的な経営戦略の中で BCP をどう位置付け、そしてどのような要素を重視して策定するのかを内外に向けて発信する重要なメッセージとなります。また、トップマネジメントの名前で発信し、全社的なコミットメントを示すことが望ましいです。

- 策定にあたっての基本的な考え方
- 実現したい目標と目的
- 事業継続に関する運用体制と組織
- 自社が特に注意を払う危機事象についてなど

　現在では多くの企業がウェブページ上に基本方針を掲げていますので、参照してみることをお薦めします。

　策定にあたっては、以下ようにステークホルダーごとに検討してみましょう。どのステークホルダーをより強く意識すべきかがわかれば、大筋の方針もおのずと浮かび上がってくるはずです。

顧客からの事業継続への期待値

　顧客がどのくらいのレベルの期待をしているのかを明確にします。例えば自社が非汎用的な部品を顧客である完成品メーカーに納入しているとすると、その顧客は遅くとも安全在庫が尽きるまでに事業を復旧し、納入を再開してほしいと期待するでしょう。

サプライヤーからの事業継続への期待値

　自社の調達が当該サプライヤーの売上のほとんど構成するような場合、自社の事業ストップは当該サプライヤーにとっての事業ストップとほぼ同義になります。サプライヤーの財務的な体力も視野に入れ、復旧への期待値を見積もりましょう。

競合他社への影響

　自社の事業がストップすると、すぐに競合他社が自社シェアを奪ってしまうケースが考えられます。そのような場合、例え納入がすぐに再開できなかったとしても、顧客のケアに人手を割くことを計画しておくべきです。

その他ステークホルダーからの事業継続の期待値

　他にも従業員、株主、地域社会など、自社が関連するステークホルダーにも同時に目配せをし、どのような事業継続への姿勢が求められるかを検討します。

②分析と検討

　計画の前提として、復旧を優先すべき自社の中核事業と、それを取り巻くリスク、危機事象が発生した場合の事業への影響度を分析・検討します。BCP策定の中で最も時間をかけるべきプロセスであり、計画策定全体の成否を左右する重要なプロセスになります。

（1）復旧優先事業の決定
　事前対策、事後対応ともに限られたリソースで実行しなければならな

い以上、自社の事業ポートフォリオの中で優先的に復旧すべき事業を特定しておく必要があります。

　下のチャートのように、その事業そのものの重要度と合わせて、ステークホルダーにとっての重要度を考慮に入れることで、自社のみならず社会にとって重要な事業を見出すことができます。ストップすることで特に致命的な影響が生じる事業を明確にしましょう。

		事業A	事業B	事業C	事業D
事業の重要度	売上規模	高	中	中	低
	収益性	中	高	低	中
	将来性	中	高	中	低
ステークホルダーの関心	顧客	高	中	中	高
	取引先	高	中	高	低
	地域社会	高	低	中	低

　さらに掘り下げて、製品やサービスごとに評価することもできます。

　次頁のチャートは極端な例ですが、プロダクトポートフォリオを、用途別や販路別などに分類したうえで、それを複数の視点で評価します。

　ここでは「高・中・低」で評価しましたが、例えば1〜5の数字で評価して、総合的な得点を出してもよいでしょう。また、「3日止まった場合」「1週間止まった場合」などと時間軸を追加することも有効です。

　重要なことは、これは科学的な分析ではなく、企業としてのコンセンサスを形成するために行う作業であるということです。トップマネジメントの積極的な関与が望まれます。

また、「優先でない」と決めた事業・製品 / サービスについては、BCP を作らずに優先事業への対応を終えてから復旧に着手するのか、後ろ倒しにはするものの個別に BCP を作るのかなどの扱いを決めておく必要があります。

	短期的業績	長期的業績	競争	企業ブランド
一般消費者向け製品A	低	高	中	高
娯楽用製品B	中	中	中	低
医療向け製品C	高	高	高	低

(2) 事業影響度分析

　復旧優先事業が決定したら、事業影響度分析（BIA=Business Impact Analysis）を行います。

　戦略や計画の策定の基礎となるものであり、BCP 策定の中で最も時間がかかるパートと言えます。

　まず、事業を構成する業務の洗い出しと、業務停止の際の影響評価を行います。

　事業というものは非常に多くの業務で成り立っています。製造業であれば、商品の設計、部材の調達、生産、物流、在庫管理、受注、そしてそれを支えるバックオフィスまで、さまざまな機能を含みます。それらを列挙したうえで、どの業務が止まると、事業にどのような影響が生じるかを見極めるのがこのプロセスです。

　例えば、地震の発生によって、工場の生産ラインに大きな損害が生じてしまうケース。

　物流倉庫の方に余剰在庫が4日分あるので、生産ラインが停止して4日間は事業を継続できますが、5日間停止してしまうと出荷が滞ることになります。

　こうした評価をしておくことで、実際の復旧作業で優先順位をつけることが容易になります。

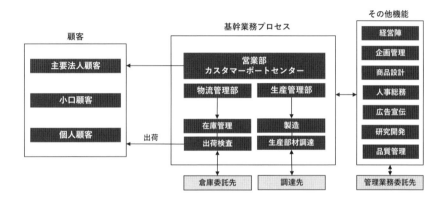

　事業を構成する業務と影響度を分析し終えたら、次は目標や許容レベルの設定に移ります。以下の3つを明確化しましょう。

BMCO：最小事業継続目標

　危機事象によって業務が阻害されてしまった場合に、事業の目的を達成するために許容できる最低限の業務レベルを指します。

　復旧にあたっては、まずこれ以上の業務レベルに戻すことが当面のターゲットとなります。例えば、「主要顧客への製品出荷再開」などです。

MTPD：最大許容停止時間

事業が停止したことによる悪影響が許容不可能な状態になるまでの時間を指します。

例えば、普段から安全在庫として5日分ストックしているのであれば、この「5日間」を最大許容停止時間としてもいいでしょう。

RTO：目標復旧時間

事業を復旧させる目標時間で、これを達成するための方策を考えることになります。

次に、企業のリソース（経営資源）とその依存関係を整理・特定します。実効性のあるBCPを策定する上で重要になります。

例えば、オートメーションの生産設備が故障した場合、人間がマニュアルで操作できるのか、それとも設備業者による修理が絶対に必要なのか。また、生産部材の入荷ができなくなった場合、代替サプライヤーはいるのか、など、当該業務が停止した場合に代替対応を含めた復旧が容易にできるかどうかで、停止させてはいけないボトルネックが明確になります。

下のように機能部門ごと・工程ごとに整理するのが一例です。

	リソース種別	リソース	代替手段
部署：物流管理部 工程：出荷	人員	出荷管理責任者	他工程の管理者が代行可能
	情報	出荷管理システム	マニュアルで記録
	設備	出荷倉庫	
	材料	梱包資材・帳票	汎用品ゆえ入手容易
	インフラ	電力	
	輸送手段	道路	
	パートナー	出荷作業下請作業員	代替要員確保容易

（3）リスクアセスメント

リスクアセスメントは、リスクを特定・分析・評価することで自社にとってのリスクと、それに対する対応策を整理し、見える化する作業です。

事業影響度分析と並行し、行きつ戻りつしながら検討することが肝要です。

最初に、危機事象の洗い出しを行います。事業形態や扱っている製品、拠点の場所などによって各社各様に色々な危機事象が発生する可能性があります。

例えば、川沿いの工場であれば水害のリスクがあり、政情不安な国にある販売会社については内乱で業務が妨げられるリスクがあるでしょう。

次に、洗い出したリスクについて分析を行います。同じ危機事象であっても、企業の特性によってその重大性は異なります。

例えば、人によるオペレーションに依存している企業にとって、感染症の流行は深刻な脅威ですが、無人の設備でサービスの提供を行っている企業にとっては受容できる脅威であるかもしれません。

分析をする中で、「脆弱性＝特定したリスクに対してリソースが利用不能になる可能性の高さ」と「代替困難性＝当該リソースが利用不能になった場合にそれを代替する難しさ」の２軸で検討しましょう。

浸水を食い止める器具の設置や生産ラインの防水対策を施しておらず、水害が発生すると利用不能になる可能性が高く、かつ特殊な生産設備を使用しており直ちに代替生産を実行することは難しいのであれば、「脆弱性」「代替困難性」が共に高く、事業継続ができないリスクが大きくなります。

そして、分析したリスクについて、リソースごとに評価を行います。

縦に脆弱性、横に代替困難性をとり、下図のような四象限にリソースをマッピングしてみてください。

　厳密に数値化してマッピングするのは不可能ですので、あくまで相対的にどちらが脆弱性が高いか、代替困難性が高いかを議論しながら決めていくことで問題ありません。

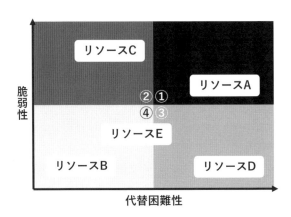

　例えば、半導体の製造装置は精密な上に揺れなどの衝撃に非常に弱いことが知られています。壊れたからといってすぐに修理したり、新しいものをすぐに届けてもらうことは難しいため、脆弱性も代替困難性も「高い」と評価できます。

　一方、壊れにくく、汎用的にどこでも手に入る部材などは脆弱性・代替困難性ともに「低い」と評価できます。

① 脆弱性 高 × 代替困難性 高
最も事業中断につながる可能性が高いリソースです。設備であれば強

度を強くするなど、脆弱性を低減する手を打ったり、代替手段をあらかじめ準備して代替困難性を低くする対策が必要です。

　もしそうした対策が難しい場合には、事業のプロセス自体やリソースの持ち方などを根本的に変革することを視野に入れるべきでしょう。

② 脆弱性 高 × 代替困難性 低

　設備であれば強度や耐水性を高くする、人的リソースであれば人数に余裕を持たせるなどすることで、脆弱性を低める手を打ちます。もし代替困難性が非常に低いリソースの場合（例えば単純作業で別の部署の応援ですぐにカバーできる人的リソース）は、BCP の検討範囲から外してしまうことも考えます。

③ 脆弱性 低 × 代替困難性 高

　脆弱ではないものの、いざ使えなくなると代替が難しいリソースです。脆弱性を極限まで低くする措置を取るか、代替手段をあらかじめ準備する方向で検討すべき象限です。

④ 脆弱性 低 × 代替困難性 低

　最も事業中断の原因となるリスクが低い象限です。代替困難性が低い（＝簡単に代替できる）リソースについては BCP の検討範囲から除外してしまい、よりリスクの高いリソースに意識を集中させるとよいでしょう。

③基本戦略の決定

　このステップでは、「②分析と検討」で見定めた自社の優先事業とリ

スク事象を念頭に、どうやって事業継続を図るかの基本的な戦略を決定します。次のステップである「計画の策定」のための基盤となる部分です。

　まず考えなければいけないのは、危機事象発生時にいかに事業の継続を図るかの戦略＝事業継続戦略です。
　オールハザード型BCPの考え方に基づき、リソースごとにどのような手立てをとるのかを決定することが重要です。現状の予測復旧時間と目標復旧時間を比較してギャップを算出し、「このギャップを埋めるにはどうすればいいだろう」と考えるのが一般的です。実行の可能性やかかるコストも当然検討材料となります。

　事業継続戦略は大きく分けて、被害を受けたその場所で機能を回復するべく復旧を行う「現地復旧戦略」と、他の拠点や他社など第三者の場所に機能を引き継がせる「代替戦略」の2つがあります。

現地復旧戦略
　当該拠点として、想定される被害をいかに防御・軽減し、復旧するかについての戦略
　＜具体策＞
・拠点の建物や設備の被害防止・軽減
・自社拠点間での多重化や在庫分散
・被害を想定した復旧手段や部材の確保

代替戦略
　現地復旧が難しいケースで、どのように代替を用意するのかについての戦略
　＜具体策＞
・自社別工場での代替生産方法確保（生産ライン移設を含む）

- 調達先の複数化や代替調達先の確保
- 応援者受け入れ態勢の構築
- 有事の助け合いを目的とした他社との提携

より具体的にアクションレベルで分類すると、以下の4つが考えられます。いずれも、事業ごとや拠点ごとではなく、「②分析と検討」において取り上げたリソースごとにどのアクションを取るかを決定します。

多重化

そのリソースが、例えば工場の設備であれば、同じような生産活動ができる工場を複数構えることで、片方が停止したとしてもカバーが可能になります。また、調達する部材を対象に考えると、サプライヤーを複数にすることでリスクを分散することも考えられます。

複製・予備

情報システムであればバックアップサーバーに同じデータを複製して持っておくことは一般的です。また、人間であれば、例えば工程Aの作業と工程Bの作業を両方できる人を要請しておく（多能工化）ことで、人員不足をカバーすることができます。壊れやすい設備の部品を予備として持っておくことも考えられます。

事後調達

設備が使えなくなってから代替の調達を行う、という選択肢ですが、有事の際にスムーズに復旧できるように、平時のうちにサプライヤーと納期や価格などの条件を詰めておく準備が主なアクションとなります。

ノーアクション

修理や代替の調達が容易である、目標復旧時間が長いなど、危機事象

が発生してから動くことで十分な場合には、積極的に「何もしない」ということも立派な戦略です。

　事業継続戦略の立案と並行して、どのような事態に陥ったとしても初動対応と復旧対応を遂行することができる指揮命令系統をいかに確保するか、の検討が必要です。
　例えば大きな災害が発生した場合を想定し、以下のような項目を検討し戦略を決定しておく必要があります。

・対策本部をどこに設置するのか
・誰が指揮命令権を取るのか（不在時の代替要員を含む）
・本社が被害を受けた場合、どこを代替拠点とするのか
・誰がスタッフとして対策本部に参集するのか
・情報通信手段をいかに確保するのか

④計画の策定

　前のステップまでで行った分析や策定した戦略をもとに、実際のBCP（事業継続計画）を立てていきます。その際、活動の性質が異なるため、「初動対応」と「復旧対応」にフェーズを分けて立案することをお薦めします。
　特に前者を切り出して「インシデントマネジメント計画（IMP）」と呼ぶこともあります。

　こうした計画の策定単位は、部署ごと、業務ごと、全社統一など、事業の特性や企業の組織形態によって適切に決定する必要があります。全

社統一のものを策定しつつ、IT システム復旧など特定部分だけを切り出すような形も考えられます。

　初動対応計画では下図の項目がカバーされている必要があります。最終的にアクションリストに落とし込むことで、対応の抜け・漏れがないようにします。初動対応については危機事象ごとに策定するとよいでしょう。

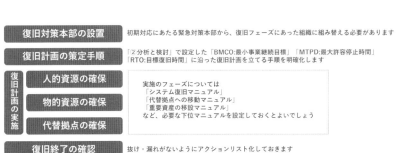

	緊急対策本部の設置	
状況の確認	被災状況の確認	まず迅速かつ正確に状況を確認することが対応の第一歩です
	従業員の安否確認	安否確認ツールは多数あるため、自社にあうものの導入を検討すべき
	業務への影響の確認	自社拠点のみならず、取引先などを含めた連絡網を整備しておくと良いでしょう
初期対応決定	被害拡大の防止	就業中の従業員の避難場所も明確にしておくべきです
	基本方針の決定	インシデントの性質に応じて基本方針は変わります
	メディア対応の決定	インフラや医療品など事業停止の社会への大きい会社は積極的にメディア対応を行うことで企業としての責任を果たす必要があります

　初期対応が終わり、復旧のフェーズを進めるための復旧対応計画では、下図の要素がカバーされている必要があります。大企業や複雑なオペレーションを行っている企業では計画書が長くなりがちなので、図やフローチャートを多用することで、特に緊急時でも読みとりやすくしておく工夫が必要です。

	復旧対策本部の設置	
	復旧対策本部の設置	初期対応にあたる緊急対策本部から、復旧フェーズにあった組織に組み替える必要があります
	復旧計画の策定手順	「2分析と検討」で設定した「BMCO:最小事業継続目標」「MTPD:最大許容停止時間」「RTO:目標復旧時間」に沿った復旧計画を立てる手順を明確化します
復旧計画の実施	人的資源の確保	実施のフェーズについては「システム復旧マニュアル」「代替拠点への移動マニュアル」「重要資産の移設マニュアル」など、必要な下位マニュアルを設定しておくとよいでしょう
	物的資源の確保	
	代替拠点の確保	
	復旧終了の確認	抜け・漏れがないようにアクションリスト化しておきます

⑤演習と教育／訓練

　策定した計画をもとにそれを効果的に実行に移せるようにするのが次のステップです。

「演習」と「教育／訓練」では目的が異なります。「演習」では、危機事象が起きたことを想定して行うことにより、計画に実行性があるか、抜け・漏れがないかを確認することが目的です。

「教育／訓練」は従業員を含む事業継続計画に携わるメンバーに対して、計画を理解させ、実際にやるべきアクションを習得させることが目的となります。

●主な演習手法

災害図上訓練

　地図・ペン・付箋を活用した机上演習で、想定シナリオに沿って地図上で被害想定を行い、対応を協議・検討します。実際の地図を使って行う演習であるため、具体的なイメージと臨場感を持って行いやすいという特徴があります。

ウォークスルー演習

　シナリオに沿って次々と起こる事態を想定し、判断ポイントや意思決定の手順などを確認していく演習です。時系列で確認していくので、BCPに盛り込む内容に抜けや漏れがないかを確認することができます。

災害シミュレーション

　危機事象発生時に想定されるシナリオに沿ってファシリテーターが設問を投げかけ、参加者はどういったアクションが必要かを検討します。ファシリテーターには専門知識を持った人を充てる必要があります。

実動演習

　実際の場所や設備を使って、災害本部の立ち上げから情報収集、意思決定、アクションまでの一連の流れを、体を使って行い、確認する演習です。本番に近い環境を再現するため効果は高いですが、準備に時間を要し、コストがかかることがデメリットです。

● 主な教育/訓練手法

知識の提供と自社 BCP の周知

　BCP の概念や必要性、自社が想定している危機事象についての知識を従業員に提供します。講義や e ラーニングなどの形式があります。

代替要員の育成・確保

　重要業務については欠勤者が出ても継続ができるように、代替となる人員をクロストレーニングによって育成しておくことが効果的です。いわゆる多能工化にあたります。

BCP の理解促進・習熟

　ウォークスルーによる順を追っての内容確認を机上で行ったり、実際に体を動かして反復訓練を行うことで手順や判断を身につける手法です。

事業継続能力の向上とより良い意思決定のための訓練

　ロールプレイング形式で、緊急時に状況が変化していく中で、それぞれが役割に応じた意思決定を行ったり、総合演習として限りなく現実に近い状況を作り出して訓練を行います。

　自社のみで完結せず、業界やサプライチェーンの川上・川下を巻き込んだ連携訓練も効果的です。

⑥ 見直しと改善

　BCP は一度策定すれば終わりでなく、絶えず改善をかけていく必要があります。内部環境である自社リソースや、外部環境である事業を取り巻く状況は常に変化し続けるからです。

　また、サプライチェーン全体やステークホルダーなど広く視野に入れて考えることが重要であり、全社経営的な視点から BCP に磨きをかけることが求められます。

　その意味では、年次の事業計画の中に組み込んでしまうことで、必ず年1回のブラッシュアップを行うのが最適と言えるでしょう。

● 確認すべきポイント

・計画は、現在の事業環境や組織体制に即した内容になっているか
・想定している危機事象は妥当か
・業界の標準的なレベルやベストプラクティスと比較して大きなギャップはないか
・教育や訓練は行き渡っており、実効性は担保されているか
・現在の予算額で、適切な ROI・費用対効果が期待できるか

第2部

一歩先の
事業継続

第5章

BCP

さまざまなトピックス

パンデミックと BCP

　2020 年に入って新型コロナウイルスが世界中に蔓延し、パンデミック（＝感染症の全世界での急激な流行）を引き起こしました。

　感染することによる人的被害だけではなく、それに伴ってロックダウンや移動の禁止が政府によって命じられ、世界中の経済活動が大きく停滞することで、これまで経験したことのないようなグローバル規模での緊急事態に発展しました。これをきっかけに危機管理体制を見直そうとしている企業も多いものと思われます。

　この世界にはさまざまなハザードリスクが存在しますが、パンデミックはその他のハザードと比べても非常に異質と言えます。

　例えば地震や水害などの自然災害においては、瞬間的なインパクトは非常に大きいものの、被災地が復旧したり、被災地が果たしていた機能の代替を確保できれば業務量は一直線に回復していきます。

　BCP に基づくアクションも、事業に優先順位をつけ、現地復旧戦略・代替戦略で業務レベルを平時に戻していく直線的な活動と言えるでしょう。

　パンデミックへの対応が難しいのは、感染拡大フェーズではどこまで影響が広がっていくのか、そしてその感染症がどれほど危険なのかがわからない点です。

　フェーズを分けて徐々に対処レベルを上げていく必要があります。そして回復過程では、感染リスクや社会情勢など多くの面に目を配りながら、徐々に業務量を戻していく必要があり、数カ月または数年にわたる長期戦になります。

自然災害

・業務縮小は一気に起こるが復旧活動で業務は短期に回復
・目標復旧時間を設定し、復旧作業を行う
・対策として早期の復旧策の検討や代替戦略を考える

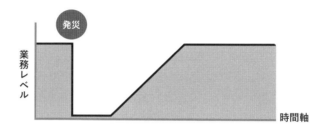

感染症

・感染拡大で徐々に業務レベルが低下し、感染の波を何度か経て終息
・発生段階別の目標業務レベルを設定する必要がある
・対策として感染リスクを回避するプロセスの導入や代替戦略を考える

パンデミックによる被害で特筆すべき特徴は、「人への影響が大きい」という点です。

　自然災害では人的・物的リソースに一度に被害が及びますが、パンデミックの場合は、感染したり濃厚接触者となることで入院や自宅待機の措置を余儀なくされ、それによって例えば設備のメンテナンスができないなどの形で他のリソースへ影響が波及します。

　また、「影響が広く、長く続く」ことが挙げられます。

　世界規模で経済活動が停滞したり、需要と供給のバランスが乱れることでサプライチェーンに大きな混乱が発生することは避けられません。

　発生直後がピークで、その後は業務レベルが直線的に回復に向かう他のハザードと違い、感染は第一波、第二波、第三波と繰り返されるため、業務レベルも上下動を繰り返します。

　それに合わせてリソースの調整を行うためには、非常に難易度の高いマネジメントが求められます。

　20世紀以降の人類の歴史の中で、最も大きな死者数を出したパンデミックは、1918年から1920年にかけて全世界的に流行した新型インフルエンザである「スペイン風邪」で、約5,000万人から推計によっては1億人以上の方が亡くなられました。

　その後、社会の経済的な発展とともに公衆衛生環境は飛躍的に改善したものの、多くの新型感染症が次々に登場します。

　それらはほとんどが特定の地域に限定されたものでしたが、新型コロナウイルスCOVID-19はあっという間に全世界へと広がり、社会活動に大きな影響を与えています。

　我々の医療のレベルは飛躍的に高まったものの、密接にグローバルに

つながった世界では、感染症が蔓延するスピードは過去と比べ物にならないくらい速いものとなります。

　残念ながら今後も新しい感染症が登場し、パンデミックに発展するリスクは、高まることはあれ、無くなることはないという前提でいる必要があります。

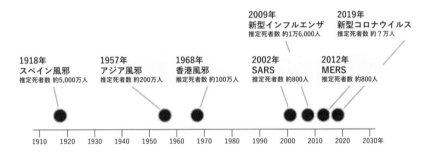

　事業継続を図るにあたっては次の3つの要素にバランスよく目配りをしながら、推進していく必要があります。

①感染リスク

　従業員とその家族・顧客・取引先の感染リスクを低減する対策を打つ必要があります。テレワークやシフト出勤制の導入、職場での三密回避、対面業務でのリスク低減策、感染者が出た場合の対応などを決定します。

②社会的責任

　国や自治体による営業自粛要請などが発出された場合、社会を構成する一員として順守することが求められます。また、医療やインフラに関連する事業を行っている企業は、事業継続を図るべき重要業務の選定に

おいて、社会から要請されている役割を意識する必要があります。

③経営面への影響

　需給のバランスが大きく乱れることとサプライチェーンの混乱によって、生産活動のマネジメントや人的リソースの手配などの難易度が非常に高くなります。常に複数シナリオを用意しておくことが大切です。

　また、事業構造を大きく転換することで生き残りを図ることも選択肢に入れるべきです。

サイバー攻撃に備える BCP

　第1章の「社会のリスクトレンド」で述べたように、サイバー攻撃による企業への被害が多くなっています。現代のビジネスプロセスが大きくITに依存する以上、これに無縁な企業はないと言っていいでしょう。

　サイバー攻撃が、自然災害などと異なる点は、危機事象の発生を覚知し、その影響範囲を把握することの難易度が圧倒的に高いということです。

　災害であれば発災時点が明確で、また物理的な被害は目視などで確認することが可能です。

　しかしサイバー攻撃の場合、いつ攻撃が始まったのか、まだ継続中なのか、その影響範囲はどこまで及んでいるのかを把握するのに長いリードタイムを要することがほとんどです。

　そして、原因の究明後にはじめて復旧に取り掛かることが可能になります。

こうした特徴を前提に、被害の確認プロセスや目指すべき復旧レベルを詳細に確認・共有しておくなど、BCPのなかでしっかりサイバー攻撃を想定しておくことが大切です。

また、攻撃を防ぐためにシステムの二重化などの対策を打ったり、コンサルタントを入れて脆弱な部分を確認するなど、情報セキュリティへの投資を十分に行うことも必要です。

さらに、最近ではサプライチェーンを対象にとしたサイバー攻撃が増えています。

標的とする企業が大企業でセキュリティ対策が強固な場合、直接に攻撃することは難しいことから、それより小規模で対策が行き届いていないグループ会社、業務委託先、調達先、取引先などを攻撃し、それを足がかりにターゲット企業に侵入するという手口です。

サプライチェーンにはさまざまな企業が関わり、企業ごとにセキュリティ対策の水準もバラバラであるという構造につけ込む形です。

現代はサプライチェーンによって企業同士が複雑に連携しています。自社の守りが盤石であっても、脆弱性のある会社を踏み台にして攻撃が仕掛けられることがあり、注意が必要です。サプライチェーンをトータルでとらえ、全体でセキュリティ対策の水準を揃えての対策が求められます。

	自然災害	サイバー攻撃
対 象	不特定	特定の企業が標的になることが多い
被害把握	把握しやすい	デジタル上での被害であり把握が難しい
復旧開始	被害把握後、即時	原因の特定後
リスク低減	リスク低減策に限りがある	サイバーセキュリティへの投資で低減が可能

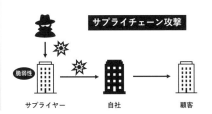

サプライチェーン攻撃

脆弱性　サプライヤー　自社　顧客

海外拠点の BCP

　海外拠点を構えている企業も多くあるでしょう。

　しかし「海外拠点」と一口に言っても、地域拠点を置いて一定の事業責任を持たせているのか、駐在員事務所を設置してフィージビリティ・スタディをしている段階なのかなど、状況はさまざまだと思います。

　基本的な BCP の考え方や策定の仕方は海外の拠点についても同様ですが、特に以下の2点に注意する必要があります。

人の安全を最優先にする

　現地社員も含みますが、特に赴任者や出張者については、言語の問題や文化の違いもあるため、日本国内においてよりも安全の確保を入念に行うべきです。

　赴任・出張前に安全研修を行うことと、発災時の初動対応を想定して、安否確認方法と的確な情報提供ルートを確保しておく必要があります。また、対策本部の組織は、意思決定が現地側でできるような建て付けにしておくべきです。企業は、海外で勤務する人間についても安全配慮義務を負います。2015年には、「中央労働基準監督署長事件」の裁判において、「出張か駐在かに関わらず、海外勤務者が現地で安全で健康に働けるように企業は安全配慮義務（労働契約法第5条）を負う」と、明示されています。

対象の国のリスクを常に把握しておく

　気候変動による自然災害や地政学的なリスクなどは国によって実にさまざまです。医療のレベルも日本より劣るところがほとんどになります。

　外務省のホームページや、シンクタンクやコンサルティング会社などを情報源にして、進出先の国のリスクを常に把握しましょう。

　また、環境は刻一刻と変わっていくものですので、最低でも年に一度

はアップデートする必要があります。

危機管理広報の重要性

　危機事象が発生した際、従業員・顧客・取引先・地域・行政・株主といったさまざまなステークホルダーに対して適切に情報開示を行い、復旧に協力を得られるような関係を築くために「危機管理広報」の取り組みが非常に重要になります。

「メディア対応」と同義に思われがちですが、メディアは数多くのコミュニケーションルートのひとつにすぎず、Web ページや SNS などさまざまな情報発信手段を検討に入れるべきでしょう。

　危機事象が発生したら、被害情報の収集と整理を行うのと同時に、「ステークホルダーの分析」を行います。
　具体的には、どのステークホルダーにどのような影響が想定されるのか、そして何を伝えるべきかを検討し、優先順位を決定します。例えば、従業員の通勤路が危険な状態となっていたら、まず従業員に対して出勤を控えるようにチャットツールで連絡することが優先されるでしょう。
　一方、自社工場から有害物質の漏出している可能性があるケースでは、行政や地域住民に対して情報をリーチさせることが最優先となります。

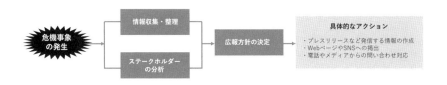

危機に対処するための「OODA」ループ

　継続的に業務を改善していくために使われる「PDCA」のフレームワークは、日本の企業社会にすっかり定着しました。

　Plan（計画）→ Do（実行）→ Check（評価）→ Action（改善）というサイクルを繰り返すことで、経営上の目的に向かって継続的にプロセスを改善していく活動は非常に効果的です。

　しかし危機管理の局面においては、PDCA は適切なフレームワークとは言えません。危機事象が発生し、刻一刻と変わる局面で臨機応変の対応をしなければいけない中、綿密な行動計画を立てたり、計画と結果の評価や振り返りのプロセスを踏んでいる猶予はないからです。

　危機状況下、時間もなく情報も十分に集まらない中で活きる意思決定フレームワークとして「OODA」（ウーダ）という考え方があります。OODA では以下のようなループを回します。

観察（Observe）
　現在の状況やその変化に着目します。予断を排し、結論ありきの情報収集にせず、ありのままを客観的に見ることが大切です。
　↓
状況判断（Orient）
　観察で得た情報を分析して現状を判断し、仮説を立てます。
　↓
意思決定（Decide）
　具体策を決定します。必要な情報が足りなければ観察に戻ることも可能です。
　↓

行動 (Act)

　意思決定したことを行動に移します。また、そのフィードバックをもって仮説を検証し、観察に戻ってループを回します。

　観察が起点になる点が特徴で、まず起きている事象をありのままに「観る」。そしてそれをもとに迅速に判断と意思決定を行って、行動に移します。このループは PDCA サイクルと比較して高速に回すことが可能で、状況が刻々と変わり、想定外の事象が起こりがちな危機管理の局面において、より適しています。

　もともと OODA を提唱したのは、アメリカ空軍のジョン・ボイド大佐です。航空戦術家であるボイド氏は、加速や旋回性といった機体性能で大幅に上回るソ連製の戦闘機ミグ -15 に対し、米国製の F-86 が航空戦（ドッグファイト）で圧勝していた理由について研究しました。

　その結果、「パイロットの視界の違い」が勝負を分けていたことがわかりました。ミグ -15 は機体性能を重視したためにパイロットの視界が小さくなっていたのです。

　戦闘機によるドッグファイトは、意思決定のスピードが極めて重要です。状況を速やかに捉え、理解し、そして速やかに決定する。その決定をするのはパイロットである人間です。つまり、パイロットの意思決定を中心に置いた設計が性能の差を凌駕したと言えるでしょう。

　この研究結果をもとに、ボイド氏は OODA ループ理論を打ち立てました。危機事象への対応もドッグファイトと同じく、観て、判断し、意思決定し、行動するまでのスピードが鍵になることは明白です。

「インフォメーション」を「インテリジェンス」に

　インテリジェンスという言葉の意味をご存知でしょうか。

「インフォメーション」は、価値判断や意味を付与していない「生の情報」のことを指します。
　一方、そうしたインフォメーションを体系立てて整理したり、組み合わせたり、信憑性を吟味したうえで解釈を施した情報を「インテリジェンス」と呼びます。
　インテリジェンス活動というと国家の諜報活動、いわゆるスパイ活動を指すこともありますが、まさにインフォメーションを収集した上でそれを意味のある情報に加工し、国の意思決定に役立てる活動です。

　危機の局面下において、迅速に正確なインフォメーションを収集した上で、いかに上質なインテリジェンスを生み出すかが成否を分けます。
　例えば「化学工場で火事が発生している」「煙は有毒物質を含む」「現在、南風が吹いている」というインフォメーションが収集できたとします。それを真実かどうか確認したのちに一元化し、分析して解釈を施し

たものが「インテリジェンス」です。そうすることで、「工場の北側の住民に避難指示を出すべきだ」という意思決定につながっていきます。前述した OODA ループに当てはめて説明したものが下の図です。

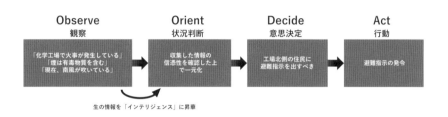

情報源としての OSINT

究極の情報収集活動といえる、軍事諜報活動には以下を含む複数の手法があります。

HUMINT（Human Intelligence）

ヒューミント。人を介した諜報活動で、いわゆる諜報員が、調査対象の組織などに潜入して情報を収集します。

SIGINT（Signal Intelligence）

シギント。通信・電話・信号などを傍受することによって行う情報収集活動を言います。

IMINT（Imagery Intelligence）

イミント。画像を分析して行う情報収集活動です。主に衛星画像または航空写真が使用されます。

OSINT（Open Source Intelligence）

　オシント。インターネットなどに一般に公開されている情報を分析することによって行う情報収集活動を言います。

　この中で、OSINT の重要性が昨今高まっています。
　インターネットが発達し、Web サイト・ソーシャルメディア・デジタルサービスなどが充実することによって、パソコンやスマートフォンを使ってさまざまな情報を取得できるようになったからです。
　それら合法的にオープンな場所で入手できる情報を、調べて突き合わせることによって見えなかった事実を炙り出すのが OSINT です。
「イスラエルのある諜報の専門家は、レポートの 9 割は OSINT から得られると主張する」との見解もあるほどです。

　例えば英国の民間調査報道機関「ベリングキャット」は、ロシアの反体制派指導者毒殺未遂容疑に関し、過去にロシア政府が公開した氏名や写真、飛行機への搭乗記録や携帯電話の位置情報などを突き合わせ、被害者を追いかける形で動き回っていた、ロシア連邦保安局のメンバーの存在を突き止めました。

　昨今は民間による人工衛星の打ち上げも盛んに行われ、衛星から撮影した画像を手軽に利用できるようになってきました。その意味では今や IMINT も、オープンな情報で十分行うことができます。
　2022 年のロシアによるウクライナ侵攻においても、衛星画像からさまざまな分析や報道がなされました。
　また、飛行機や船舶の動きをウォッチできるサイトも複数あります。SNS も危機事象が起きている現場の情報を得るには最適なツールです。
　単独では意味がない情報でも、2 つ 3 つと突き合わせることで事実を

浮かび上がらせる OSINT という手法は、国家の諜報活動に用途が限られていたところから、一気に民主化が進んできていると言えるでしょう。

　危機管理の文脈においても、OSINT の手法を使って情報を収集・分析し、意思決定に活用できるインテリジェンスを生み出す活動が重要になっていくと思われます。

　例えば地政学リスクの高まりについて、または災害時における現場の状況判断において、SNS や衛星画像、その他インターネット上の情報を収集し、分析する能力が担当者には求められていくでしょう。

第 **2** 部

一歩先の
事業継続

第 **6** 章

危機管理に効く
地政学

不安定化する世界と地政学

　ロシアのウクライナ侵攻や米中対立により、世界は分断の瀬戸際にあります。また、気候変動に対応するための世界的な脱炭素化の動きにより、国際的なパワーバランスを決定づけるエネルギーを取り巻く状況が激変し、これも国際情勢の不安定化につながっています。

　こうした中、企業として対応が必要な危機の高まりを察知したり、状況を冷静に分析するために、「地政学」の知識は大きな武器になるでしょう。

　「地政学」とは、地理的な条件が国家に与える政治的、軍事的、経済的な影響をマクロの視点から研究する学問分野です。

　英国の地理学者であったハルフォード・マッキンダー（1861-1914）や米国の海軍将校であったアルフレッド・セイヤー・マハン（1840-1914）などによって理論化された近現代の地政学は、その後ナチスドイツや旧日本軍の領土拡張を正当化する論理の一つとして使われたことから、負のイメージを負いました。

　また第二次世界大戦後は、資本主義 vs 共産主義という「イデオロギーの対立」が先鋭化したこともあり、地理に重点を置く地政学は下火の時期が続きました。しかし昨今、書店では「地政学」をタイトルに冠する本が多く見られ、再び脚光を浴びるようになっています。

　なぜ脚光を浴びているのでしょうか。

　それは、グローバル化が進展し、複雑にからみあってかつ流動的な世の中を読み解くにあたり、1万7000年の人類の歴史を通じて大きく変わっていない地理を軸に考えることの有用性が認められたからだと考えられます。

　後述するように、現在起きている国際間の対立などは地政学の理論によって、シンプルに整理することが可能です。

ランドパワーとシーパワー

「ランドパワー」とは、陸上における経済拠点や交通網などを 支配・防衛するための軍事力・輸送力を含む総合的な能力をもつ勢力で、ユーラシア大陸にある大陸国家、具体的にはロシア、中国、ドイツなどが該当します。

　一方で「シーパワー」とは、港を含む海上交通路や経済拠点のネットワークを持ち、それにより海洋を支配・利用するための総合能力をもつ海洋国家で、具体的な例としてはアメリカ、イギリス、日本などが挙げられます。

　歴史を振り返ってみると、「ランドパワー」の国が領土を拡張しようとふるまい、これに対して自分の領域を守ろうとする「シーパワー」の国が港や基地を整備して権益を守ろうとする、ということを繰り返してきました。

　そのせめぎあいが歴史を作ってきたと言うことができます。陸路での物流が中心だった時代から、15 〜 19 世紀は大航海時代を迎え、スペインやイギリスが世界中の海を制覇した「シーパワー」の時代でした。

　19 世紀から 20 世紀前半にかけては 鉄道網や道路網などの建設で陸上輸送能力が急激に発達し、ドイツやロシアといった「ランドパワー」の国が台頭、2 つの世界大戦を経験しました。

　そして 20 世紀後半からは、第二次世界大戦の戦勝国のアメリカやそ

の後勃興した日本が「シーパワー」の国として繁栄を極めました。

●ランドパワー

ロシア　中国　ドイツ

ユーラシア大陸に位置する
内陸国家で、陸上における総合的な
能力を持ち、支配領域の拡大を目指す

領土

支配領域の拡大

●シーパワー

アメリカ　イギリス　日本

海洋における総合的な能力を持つ。
海洋国家で、港や基地などを装備し
て権益を守ろうとする

権益を守る

港　基地　港

基地　領土　基地

港

ハートランドとリムランド

「ランドパワー／シーパワー」という分類は、その国の勢力の性質を表すものですが、それに対して領域に着目して分類したものが「ハートランド」と「リムランド」です。

「ハートランド」とは、シーパワーの影響がほとんど皆無であるユーラシアの中央部から北部に広がる領域を指します。現在のロシアと重なるエリアです。
　このエリアを支配することは、巨大なランドパワーを得ることと同義であると考えられていますが、雨が少なく寒冷であり、古くから人口は多くなく、文明が栄えることはあまりありませんでした。
　一方の「リムランド」とはユーラシア大陸の海岸線に沿ったエリアで、中国東北部から東南アジア、インド半島、アラビア半島を経てヨーロッパ大陸に至る長大なユーラシア沿海領域を指します。

　この領域は温暖で雨量が多く、農耕の生産性が高く、経済活動が盛んであり、大都市と多くの人口がここに集中しています。

　歴史上、厳しい環境の「ハートランド」の国は、豊かなリムランドにたびたび侵攻し、リムランドの国やその外側のシーパワーの国と衝突しています。朝鮮戦争、ベトナム戦争、アフガニスタン戦争、イラク戦争などが例となります。
「リムランド」とは、「ハートランドのランドパワー」と、「周辺のシーパワー」がぶつかり合い、国際紛争が起きやすい地域と言うことができます。

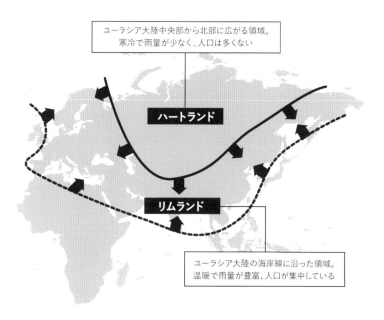

ユーラシア大陸中央部から北部に広がる領域。
寒冷で雨量が少なく、人口は多くない

ハートランド

リムランド

ユーラシア大陸の海岸線に沿った領域。
温暖で雨量が豊富、人口が集中している

拠点とチョークポイント

　どの勢力がどこに拠点を構えているのかを俯瞰することも、国際情勢を見る際に大変重要です。

　「シーパワーは、港を含む海上交通路や経済拠点を維持・防衛する」と前述しました。最大のシーパワーであるアメリカ合衆国が、多くの駐留人口を抱える海外拠点を見てみましょう。

　主要な基地が、前述のリムランド及びその周辺に配置されていることにお気づきのことと思います。米国はランドパワーへの対抗として拠点を築き、その拡大を抑え込もうとしているのです。

世界の主な米軍基地

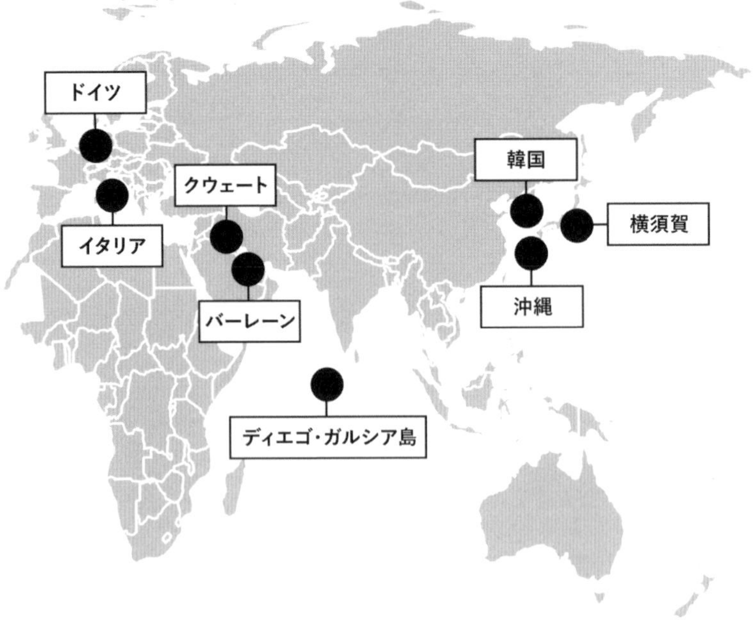

ドイツ

イタリア

クウェート

バーレーン

ディエゴ・ガルシア島

韓国

横須賀

沖縄

　また、チョークポイントという地政学上で非常に大切な概念がありま
す。

　チョークポイントとは、スエズ運河やパナマ運河、ジブラルタル海峡
といった、重要な海上水路のことを言います。
　現代は、石油や天然ガスといった生活を支えるエネルギー資源や物資
の取引が世界規模に展開されていることから、国の安全保障・エネル
ギーの安全保障を考える上で、チョークポイントを守ることの重要性が
非常に高くなっています。
　例えば、原油輸入の約9割を中東に依存する日本にとって、その経路
上にあるペルシア湾のホルムズ海峡と、マレー半島とスマトラ島を隔て
るマラッカ海峡が日本のエネルギーの命運を握る、大切なチョークポイ
ントとなります。

　軍事的な面から言うと、チョークポイントは、その「点」を押さえる
だけで、水路そのもの（線）や海（面）を押さえることができるという
意味で、戦略的に重要です。
　チョークポイントに船を沈めることで通行を阻害する「Blockships」
と呼ばれる戦術は昔からあり、2つの世界大戦におけるイギリス軍や、
米国の南北戦争で実行された記録が残っています。
　2014年に起きたロシアによるクリミア併合での例として、ロシアは
2隻の古い船を港の出入口に沈めることによって、ウクライナ軍が海に
出ることを阻害しました。

　現代の進化したテクノロジーを使えば、こうした「Blockships」はよ
り容易に実行できるかもしれません。無人の船を遠隔操作して海路を塞
げば、戦闘員の命を危険にさらすことなく目的を達成できますし、サイ
バーアタックによってチョークポイント上の船を航行不能に陥らせる手

口も考えられるでしょう。

　チョークポイントは、軍事面だけでなく、物流にとっても重要な箇所となります。

　2021年3月23日、日本の会社が所有するコンテナ船が地中海と紅海を結ぶスエズ運河で座礁事故を起こし、世界中の耳目を集めました。

　スエズ運河は年間約1万9000隻が行き交う海上交通の要衝ですが、コンテナ船が運河を塞ぐ形になってしまったため、数百隻の船が立ち往生。これにより製造業のサプライチェーンに打撃を与え、原油輸送への影響から原油価格も大きく変動する結果となりました。

　この事故で顕在化したように、チョークポイントはサプライチェーンの危機管理において「脆弱性」が潜むポイントと言えるでしょう。

　今回のような座礁事故の他に、マラッカ海峡やアフリカのソマリア近くのアデン湾では海賊のリスクもあります。また、イランはその気になればホルムズ海峡を封鎖することもできるはずで、世界にとっての脅威です。

　国際情勢を見定める上で、要衝であるチョークポイントに注目することは有効です。また、サプライチェーンの危機管理を考える上では、ひとつのチョークポイントに依存するのを避けて、調達先を分散させるなどの対策を打つことが必要だと思われます。

国際情勢を読み解く

米中対立

　これまで地政学という学問についての基本的な概念や考え方をご紹介しました。ここからは、それらを現在の国際問題にあてはめて考察してみることにします。

　ここ数年、国際情勢を見る上で最大のトピックになっているのは「米中対立」ではないでしょうか。

　中国はもともと世界第3位の広大な土地を持つランドパワーでしたが、近年では大幅な経済成長を成し遂げて国外に力を向ける余裕が生まれたことから、空母を建造するなど海洋進出（シーパワー化）を急速に進めています。

　これは世界最大のシーパワーである米国にとっては看過できないことで、地政学的な住み分けができなくなっていることが基本的な構図と言えます。

　習近平政権が掲げる「一帯一路」は、陸と海の両方で中国とユーラシア大陸の国々を結んで貿易を促進する構想ですが、まさにこれまでのランドパワーに加えて、シーパワーを得ようという意図がそこから明確にうかがえます。

　こうした中国の動きに対抗するのが、米国のインド太平洋戦略やその中心概念である「クアッド（日米豪印4か国の枠組み）」で、民主主義国家が結束して中国を牽制しようとしています。

　また、日本も独自に「自由で開かれたインド太平洋」戦略を打ち出していますが、いずれも、インド洋・太平洋に張り出してシーパワー化する中国をハートランドに押しとどめることを狙ったものです。

人類の歴史を振り返ってみると、ランドパワーとシーパワーが両立した例はありません。

　ローマ帝国は広大な領土と道路など物流網を誇り、ランドパワーとして栄華を極めましたが、海洋進出とともに衰退しました。

　シーパワーの日本も、太平洋戦争では海の支配に加えてユーラシア大陸への進出を試み、第二次世界大戦での敗戦により失敗に終わりました。

　ランドパワーとシーパワーを同時に手に入れようとする中国の覇権的な動きがどう帰着するのか、こうした地政学の枠組みから見ることが有効だと考えられます。

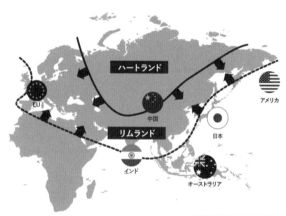

ランドパワーを持つ中国がハードランドからリムランドを越えて海洋への進出を図ろうとするのを、世界最大のシーパワーであるアメリカが、民主主義の価値観を共有する国々と共にリムランドで食い止めようとしているのが現在の「米中対立」の構造である

ロシアの動き

　もうひとつの例として、ロシアという国とその動きを、地理的な条件をもとに見てみましょう。

　ロシアの国土面積は 17,098 平方キロメートル。2 位のカナダの 9,985 平方キロメートルを大きく引き離して世界で最大の国です。しかし、ロシアの地理を立体的に見てみると、ウラル山脈が南北に国土を縦断しており、人の往来を制限していることから、その東西で様相が全く異なっています。

　ウラル山脈より東はウラル・シベリア・極東の 3 つの地域に分けられますが、永久凍土が広がる土地の人口は非常に少なく、開発は進んでいません。

　一方、欧州に近いウラル山脈より西のエリアは、面積としては全体の 24% にすぎませんが、人口の実に 74% が集中しており、首都のモスクワやサンクトペテルブルクといった都市もこちら側に位置します。

　また、国土の北側は、近年地球温暖化で変わりつつあるものの、大変寒冷な地域で、冬も含めて年中利用できる不凍港は少なく、自由に海に出て行ける環境ではありません。そして国の西側には欧州やアメリカなどの NATO 勢力が控えています。

　こうして見てみると、広大な土地を持ち、広く海に面したロシアが、実はさまざまな地理的な条件による制約を抱えていることがわかります。

　ロシアは 2014 年、ウクライナのクリミア半島を強引に併合。さらに 2022 年に全面侵攻に踏み切り、世界に衝撃を与えました。地政学的にその背景を読み解いてみましょう。

一つ目の理由としてロシアは、NATO 勢力との間のバッファゾーンに位置するウクライナに対する影響力を何としても保持したかった、ということがあるでしょう。かつて同じくソビエト連邦を構成し、文化的にも深い関係にあるウクライナが NATO 勢力に取り込まれたら、軍事的にはロシアにとって喉元に突き付けられた匕首となる。それを防ぐために全面侵攻に踏み切ったというのが背景のひとつと考えられます。

　二つ目の理由として、ウクライナという場所は、ロシアにとって黒海を通って地中海に出ていくルートを確保するのに重要な場所だということがあります。

　前述したように、ロシアの北側は寒冷なため、この「黒海ルート」を確保しておくことは、ロシアにとって地政学的に死活問題となるからです。

地政学リスクの BCP への落とし込み

　こうした地政学の視点で国際情勢を見つめることは重要ですが、拠点や取引先が海外にあるなどグローバルにビジネスを行っている以上、地政学リスク、つまり地理的な位置関係が地域にもたらす政治的・社会的・軍事的な緊張が高まるリスクを避けることはできません。

　しかし一方で、地政学リスクというものは、自然災害・事故・事件といったハザードリスクに比べ、そのまま BCP に落とし込むには漠然としています。

　そのため、シナリオ分析をしたうえでトリガーを見定めるという作業が必要になります。

　例えば、米中対立という地政学リスクが自社に影響を与えると考えたとします。そのリスクが顕在化した場合、どのようなシナリオが考えられるでしょうか。

　自社が扱っているテクノロジーのバリューチェーンが、通信技術の世界で起きたように分断されるというシナリオが想定されます。

　この場合、「米国による中国発テクノロジーの排除」がトリガー事象（リスク顕在化の引き金）となり、事業継続のために自社の製品設計を大幅に修正したり、生産場所を移転することが必要となる可能性があります。

　ここまで具体的な解像度まで落とし込めれば、そのあとはこのトリガー事象をモニタリングすることで、リスク顕在化に対して慌てることなく対策を打つことが可能になります。

地政学リスク 気候危機の進展と それに対する各国の対応	自社に影響を与え得る 地政学的なリスクを ピックアップする
シナリオ仮説 気候危機の進展と それに対する各国の対応	起こり得る シナリオを想定する
自社への影響 A国が新規制を導入し、 自社にとり戦略的な部材B の調達が困難になる	そのシナリオが自社に 与える影響を分析する
トリガー事象 トリガーはA国による 新規制の導入	リスク顕在化の トリガー事象を見定める
モニタリング 報道や シンクタンクレポート など	トリガー事象の発生や 予兆をモニタリングする

第 **2** 部

一歩先の
事業継続

第 **7** 章

経営戦略の中心に
位置づける BCP

攻めの BCP へ

　BCP は一義的には、事業を継続し、従業員やステークホルダーを守るために策定するものです。

　しかしその策定に取り組む中で、事業継続を実現するのに何が必要で、どの要素が重要なのかという点を明らかにするために、事業を分解し、個別業務を洗い出し、その関連度や優先順位などを徹底的に検討する必要があります。

　結果的に、非常事態での事業継続能力が高まること自体に加え、効率化や無駄の削減など多くの業務改善につながる副産物が得られます。

　そしてまた、これだけ想定外の事象にさらされる VUCA の時代に企業を経営するためには、事業継続というテーマを辺縁に置くのではなく、経営戦略の中心に据える意識が必要かと思われます。

　普段の業務とは離れたところで、コンサルタントに言われるままにフォーマットを埋めて作成する BCP ではなく、重要な経営テーマとして、トップマネジメントがコミットして策定する BCP こそが、企業価値の向上につながる「攻めの BCP」と言えるのではないでしょうか。

企業価値の向上へつなげる

　帝国データバンクが2021年に11,242社を対象に行った「事業継続計画（BCP）に対する企業の意識調査」において、半数を超える55.5%が「従業員のリスクに対する意識が向上した」と回答しました。これは企業にとって目に見えない資産になりえるものです。

　また、その後には「事業の優先順位が明確になった」（33.4%）、「業務の定型化・マニュアル化が進んだ」（33.0%）、「業務の改善・効率化につながった」（24.4%）が続きます。

　調達先・仕入れ先が拡大した、在庫の適正化につながったなどの声もあり、BCPを策定する中で、単に非常時の行動計画を作るだけではなく、徹底的な自社事業の分析・検証によって、直接的な業務改善効果があることがわかります。

　具体的に、BCP策定において打つアクションが、どのように企業価値の向上につながる可能性があるかをチャートにしてみました。

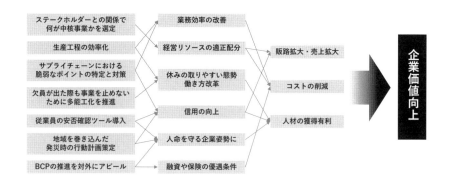

策定過程において、ステークホルダーとの関係の中で何が重要な中核事業かを深く考え、事業の構造やボトルネックを部門を横断的に総点検するプロセスを踏むことになります。それは会社全体の経営戦略立案の基礎部分となりえるのです。

BCP 策定は、総務部門やリスクマネジメントを担当する部署に任せるものではなく、経営トップのコミットメントが必要なことは自明でしょう。

年次の事業計画を立てるプロセスのスタートに位置づけ、経営サイクルの中に組み込んでしまうことも検討すべきではないでしょうか。

ESG の観点から

ESG とは、「環境（Environment）」「社会（Social）」「ガバナンス（Governance）」を意味し、売上や資産といった財務的な情報だけではなく、環境・社会・ガバナンスの観点から、非財務的及び中長期的な要素をもって企業を評価しようとするものです。

経済的価値と社会的価値の両立、と言い換えてもいいでしょう。

例えば、目の前の売上や利益が好調であっても、オペレーションにおいて環境に対する配慮が足りなかったり、サプライチェーンに児童労働の疑いがある下請け会社が組み込まれていたら、その財務的な業績はサステナブルなものとは言えません。

投資家は今後この ESG の視点からより厳しく企業を評価することになり、取り組みが足りなければ資本市場から締め出されることになるでしょう。

　ESG と BCP に共通するキーワードは「サステナビリティ」です。

　BCP は短期的なリスク・不確実性の中にあっても事業を継続するための計画であり、ESG は中長期的に企業とその事業を存続させていくために必要な視点です。

　自社が社会に存在する意義は何か、何のために事業を展開するのか、という企業の存在意義、そして我々を取り囲むリスクのトレンドをしっかり見据えながら、中長期的には ESG、短期的には BCP で事業の存続を構想するべきと考えます。そうすることによって、企業のサステナビリティは社会のサステナビリティへと地続きでつながっていきます。

BCP からレジリエンス経営へ：
ダイバーシティの重要性

　気候変動・気候危機、テクノロジーの急速な進化・地政学リスクの高まり・サイバー攻撃の激化というリスクトレンドから、我々は方向性の見えない不確実な時代に企業を経営し、事業を運営していかなくてはなりません。

また、2020年以降の世界的なパンデミックや地政学リスクは、次に何が起こるかわからない、そしてあっという間に世界が様相を変えてしまうことがある、ということを我々に実感させました。

　そんな時代を生き抜くには、次々と起こる事象に圧し潰されてしまうのではなく、したたかに耐え、他社より先んじて回復し、その危機をチャンスに変えられるような、「レジリエント」な組織を目指す必要があります。

　どのような組織がレジリエントな組織と言えるのでしょうか。ひとつにはリスクとその変化を鋭敏に感じ取るリスク・インテリジェンスが必要になると考えます。

　刻一刻と変わる状況に応じて、どのようなリスクが高まり、自社にとって脅威となりえるかを察知し、そのための的確な備えを迅速に進めることが求められます。

　もうひとつには、どのような事態にも対応し、新しい方向性を見出すために「ダイバーシティ（多様性）」というものが非常に重要になります。

　ダイバーシティは、集団において性別・国籍・宗教・文化など多様な人が集まった状態を言います。従来は、さまざまなバックグラウンドを持った人を差別せずに受け入れるべき、と主に人権尊重やCSR（企業の社会的責任）の文脈で語られることの多かった概念です。

　しかし、このダイバーシティが、実はレジリエントな組織を作るために大切な要素になりえることが、さまざまな研究からわかってきています。

短期的視点→危機を生き延びる

　企業を襲うさまざまな危機、我々はそれらから逃れることはできません。危機に対応する際、似通った人間で構成された組織と、多様な属性

の人間が集う組織はどちらがうまく対応できるでしょうか。後者の方が危機に対して「強い」のではないでしょうか。

　例えば、人間は迷ったときに周囲にいる人の様子を探りながら同じ行動をとってしまう「同調性バイアス」という心理的傾向を持っています。これは災害時によく判断を誤らせるバイアスとして有名です。異議を唱える人がいなければ、集団は間違っているかもしれない方向にどんどん流されて行ってしまう危険性があります。

長期的視点→イノベーションを起こす

　先行きが不透明な時代、企業は常にイノベーションを生み出し、自らを刷新していかなければ生き残ることはできません。では、イノベーションはどのような組織で生まれるのでしょうか。

　早稲田大学ビジネススクールの入山章栄教授などが指摘しているように、何か新奇なアイデアがゼロから生まれてくるわけではなく、既存の知と既存の知が結合することでイノベーションは生まれます。同質性の高いメンバーではグループシンク（集団浅慮）に陥るリスクがある一方、多様性の高いメンバーであれば、それぞれの持つ「知」が化学反応を起こし、既存の枠を超えるアイデアが出る可能性が高くなります。

　環境の変化が続いても柔軟に適応し、イノベーションを生み続けて絶えず自己変革していく組織。そうした組織こそが長期的にレジリエントな組織と言うことができるでしょう。

　一方で、多様な人間をまとめあげる要素も企業にとって非常に重要です。その際に一つ大きな武器になるものが、昨今策定する企業が増えているパーパス（企業の存在意義）や、企業としてのビジョン（実現しようとする世界）やミッション（社会的使命）です。

　バラバラな価値観の集団であっても、パーパス・ビジョン・ミッションに魅力を感じているという一点においては一致をし、同じ目標に向

かって努力をする。そうした企業が真にレジリエントな企業だと言えます。

第 **2** 部

一歩先の
事業継続

第 **8** 章

サプライチェーン・
リスクマネジメント

自社の継続から、サプライチェーンの継続へ

　サプライチェーンとは、原材料や部品などを調達し、製品を生産して配送・販売、消費されるまでのプロセス全体を指す「供給の連鎖」です。
　BCP を策定して企業のレジリエンスを高めるにあたり、サプライチェーンにおけるリスクをいかに管理するかは最重要のテーマのひとつとなります。なぜならば、「事業を止めない」ためには「自社のオペレーションを止めない」だけでは不十分で、「サプライチェーンを止めない」ことが必要だからです。

　また、大手企業の中には「サプライチェーン BCP ガイドライン」のようなものを設けて、サプライヤーに順守を求める動きも広がっています。
　「被災した際に事業を再開・継続するかのプランが用意されている」「取引先を含めた BCP を持っている」などの条件が課され、供給する側からすると、これらを満たせなければそのサプライチェーンからはじき出されてしまうということも十分に考えられます。
　この意味では、サプライチェーンの BCP は、非常時のためだけでなく、平常時も含めて策定が求められているものと言えます。

阻害されるサプライチェーン

　2011 年に発生した東日本大震災やタイでの洪水の例を挙げるまでもなく、サプライチェーンは多くの自然災害に常に脅かされています。

　また、新型コロナウイルスのパンデミックでは、まず感染拡大防止のために渡航制限やロックダウンといった強力な措置が取られることで人的資源が担う部分に障害が生じ、更にコロナショックに伴って生じた大きな需要変動（マスクや消毒剤の需要急増や外食の需要急減など）も大きな影響をもたらしました。

　下図は New York Times による分析記事「How the Supply Chain Crisis Unfolded」にあった図を和訳したものです。さまざまな要因がからみあって、サプライチェーンのひっ迫につながったことがわかります。

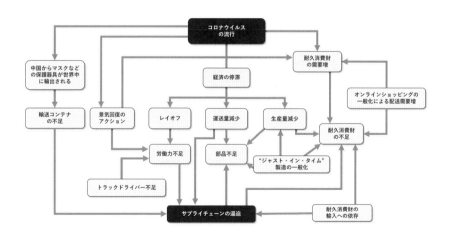

また、ロシアのウクライナ侵攻も世界のサプライチェーンを混乱させました。下図はサプライチェーンが混乱に陥った要因を分析したものになります。

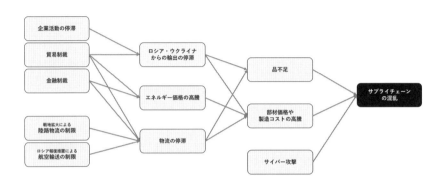

　このように立て続けにサプライチェーンを混乱に陥れる危機事象が発生したことを受けて、サプライチェーン・リスクマネジメントを強化しようという熱はかつてなく高まっていると言えます。

　株式会社 Spectee が 2021 年末に独自に行った、サプライチェーン業務担当者を対象としたアンケート調査では、サプライチェーン・リスクマネジメントの重要性について「とても上がる」と「ある程度上がると思う」は合わせて 63.5% にのぼりました。

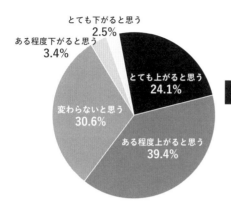

とても下がると思う
2.5%

ある程度下がると思う
3.4%

とても上がると思う
24.1%

変わらないと思う
30.6%

ある程度上がると思う
39.4%

「今後、サプライチェーン・リスクマネジメント
の重要性は上がると思いますか？」

調査期間：2021年12月10日〜12月16日
調査人数：1,011人
調査対象：製造業・小売業・物流企業の
　　　　　サプライチェーン業務担当者

　しかし、重要性が増したとはいえ、サプライチェーンというものは自社のみで完結せず、数多くのプレイヤーによって構成されている点から、その見直しや改善は簡単ではありません。

　本章ではサプライチェーンをいかに強靭化し、事業継続を実現するかについて見ていきます。

サプライチェーン・マネジメント進化の歴史

　サプライチェーン・マネジメントは時代を追って進化してきました。

　サプライチェーンのグローバル化が進展し、複雑性が増すと同時に、キャッシュフロー・マネジメントの概念が普及したことも後押しし、在庫を最小化して生産活動を究極まで効率化するいわゆる「ジャスト・イン・タイム」の生産活動が広がりました。自動車産業が典型的ですが、

完成品メーカーを頂点に、その下に Tier 1、Tier 2 といった形でサプライヤーがぶら下がって「系列」を形成し、効率化と絶え間ないコストダウンを推し進めてきました。

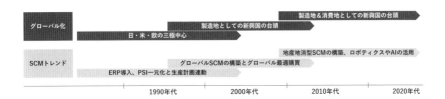

転機となったのは 3.11 でした。

東日本大震災は、効率化が極まった製造活動・経済活動を襲った初めての広域かつ大規模な災害だったと言えます。

発災後、各社は自社のサプライチェーンへの影響を調査し始めましたが、複雑な構造の中で、どこに問題があり、どのような影響が自社事業に及ぶかの確認は困難を極めました。

特に、低コスト化を追求するために下請が集約されて構造がスリム化したことにより、多くの企業のサプライチェーンは従来考えられていたピラミッド型ではなく、ダイヤモンド型を形成していたことが、より事態を困難にしました。

違う系列で同じサプライヤーを共有している場合、自社への影響を迅速に把握することは難易度が高く、復旧後に割り当てられる生産量の調整にも手間がかかります。

効率という面では大きく進化してきたものの、サプライチェーン構造

の複雑化と集約化によって、全体の把握が難しく、また危機事象に対する脆弱性が大きいというのが、現在のサプライチェーンに潜む問題点と言うことができます。

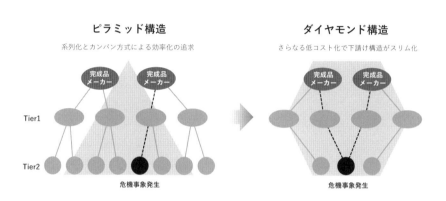

ピラミッド構造
系列化とカンバン方式による効率化の追求

ダイヤモンド構造
さらなる低コスト化で下請け構造がスリム化

サプライチェーンを強靭化する

　自社のサプライチェーンを、強靭なものにしていくにはどのような方策が必要でしょうか?

　ここに示す4つのアクションを打つことで、サプライチェーン・リスクマネジメントの強化、しいてはサプライチェーンの強靭化につながります。

①サプライチェーン構成要素の可視化

　サプライヤー、自社工場、物流倉庫、物流経路、人員、販売チャネルなど、サプライチェーンを構成する要素を可視化し、ブラックボックスをなくします。

②リスク分析と脆弱性の特定

　サプライチェーンに存在するリスクの分析とどこに脆弱性があるのか
を特定するステップです。一度決めたら終わりではなく、環境変化に合
わせて定期的にアップデートし続けることが重要です。

③対応策の実行

　特定したリスクについて「リスクの移転」「リスクの回避」「リスクの
保有」「リスクの低減」の４象限に分けて整理し、拠点の移転や部材の
標準化といったサプライチェーン強化策を実行します。

④リスクのモニタリング

　サプライチェーンに影響を及ぼすような事象が発生していないかモニ
タリングします。災害や事故などの危機事象をいかに迅速かつ正確に覚
知できる態勢を整えられるかが鍵となります。

　以下では一つひとつの項目について掘り下げていきます。

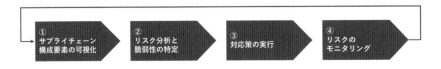

①サプライチェーン構成要素の可視化

現代のサプライチェーンは複雑化しているため、これを整理して見え

る化することは簡単ではありません。特に、Tier 1、Tier 2、Tier 3・・・
と階層が多くある業界では原材料まで遡っていくことが困難な場合もあ
ります。

　グローバルな調達を行っている場合、間に商社などが入ることでその
先のサプライヤーが見えづらいこともあるでしょう。

　また、あるサプライヤーが別の系列にも供給する「ダイヤモンド構造」
になっているケースがあることは前述した通りで、危機事象が起きた際
に、想定をしていなかった在庫の取り合いになることも起こりえます。

　そうした困難は伴うものの、可視化をやり切り、「どこでどのような
危機事象が起こると、どのような影響がどこに及ぶのか」をできるだけ
細部まで把握できるかどうかが、サプライチェーン・リスクマネジメン
トの成否を大きく左右します。

　可視化をサポートするソフトウェアやソリューションの導入も一考に
値します。ESG の観点からも、持続可能な原材料調達、つまり人権や
環境、労働安全といった社会的側面に配慮した調達が求められています。
その意味でも、サプライチェーンの可視化は社会の要請となっていくで
しょう。

　部品点数が多く、アッセンブル度合いの高い自動車、精密機械、建設
機械などのサプライチェーンは自ずと深く、多層化したものになってい
ます。例えば自動車は構成する部品点数が 3 万点にも達し、調達先はグ
ローバルに広がっているという特徴があります。

　そうした多層化したサプライチェーンを、いかにすれば可視化できる
でしょうか。

　自動車業界における先進的な取り組みを紹介すると、まず比較的経営
リソースの豊富な Tier 1 サプライヤーに対して、Tier 2 以下のサプラ

イヤーの可視化作業を依頼しています。Tier 2以下の企業では、サプライチェーン・リスクマネジメントに従事する人的リソースを確保するのが難しいためです。

　Tier 1サプライヤーは、自社が完成品メーカーに納入する部品のうち、調達リスクが高いものについて、手間をかけて情報を収集します。

　しかし深い場合には8層以上となることもあるため、その場合は対象品目を限ったり、3次〜4次までに留めるなどの対応を取ることもありえます。

　また、情報開示を望まないサプライヤーもいるでしょう（別系列の納入先や、機密度の高い調達元の情報などを秘匿するため）。その場合には、契約で供給再開までのタイムリミットを決めて、遅れるとペナルティを課すなどの仕組みで、サプライチェーンの復旧をコミットさせるというのも現実的な対応です。

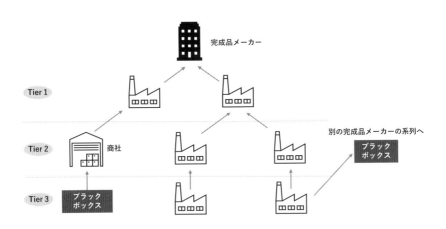

② リスク分析と脆弱性特定

次に、自社のサプライチェーンにおけるリスクをさまざまな角度から分析し、脆弱性の特定を行います。起こりえる全ての事象を想定していてはきりがないため、特に脆弱なポイントを絞って対策を打つことが肝要だからです。

サプライチェーンに影響を与える危機事象は、自然災害、工場や倉庫の火災、システム障害、輸送上のトラブルなど多岐に渡りますが、それによって発生するリスクを大きく分類すると以下のようになります。

調達リスク：必要な部材が入手できなくなるリスク
生産リスク：工場の損壊などで生産活動ができなくなるリスク
物流リスク：部材や完成品を運送することができなくなるリスク
販売リスク：需要の急変で納期遅延 / 過剰在庫が発生したり、販売活動が行えなくなるリスク

また、製品の特性に着目すると下図のようにリスクの高低を整理できます。リスクが高い品目、つまり生産拠点が一か所に集中しており、必要な部材と生産工程が特殊であるものについては重点的に対策を打つ必要があります。

	部材・生産工程が一般的・汎用的	部材・生産工程が特殊で代替が難しい
生産拠点が一か所に集中している	リスク中	リスク高
生産拠点が分散しており、同時被災する可能性が低い	リスク低	リスク中

第3章「オールハザード型BCPとは」で述べたように、サプライチェーンのリスクを想定するにあたっても、シナリオベース（原因事象に着目）ではなく、リソースベース（結果事象に着目）で検討すべきです。

　VUCAの時代、ましてやサプライチェーンがグローバルに広がっている時代において、災害・テロ・戦争・抗議デモなどの原因事象一つひとつのシナリオを検討することは不可能に近いからです。

　地政学リスク顕在化による特定国からの輸出ストップや、地震の発生によるサプライヤー工場の生産停止など具体的なリスクを想定したら、それを「事業への影響」と「発生頻度（可能性）」の2軸でマッピングして整理します。右上に近い、すなわち発生頻度が高く、かつ事業への影響が大きい事象が最優先に手当てするべきリスクです。別の言い方をすれば、そこがサプライチェーンにおける脆弱性が高い部分と言えます。

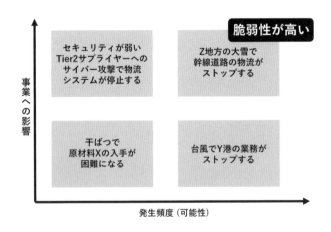

このリスク分析と脆弱性特定は一度やれば終わりではありません。環境の変化が大きい今、新たに浮かび上がるリスクもあるはずです。

事業計画などに合わせて、少なくとも1年に一度は総点検をし、常に現状を反映したものにアップデートし続けることが大切です。

③対応策の実行

自社サプライチェーンのリスク分析ができ、脆弱性の高い箇所が整理できたら、次にリスクをいかにして取り扱うかを分類したうえで、対応策を決定・実行します。

事業への影響 高 × 発生頻度 高

最も脆弱性の高い部分です。ここに当てはまるリスクについては「回避」しましょう。サプライチェーン構造の根本的な見直しによるサプライヤーの変更や、拠点の移転、事業自体の撤退など、最もドラスティックな対応が必要となります。

事業への影響 高 × 発生頻度 低

顕在化した際に影響が大きくとも、発生頻度が低い事象です。このリスクについては「移転」によって対応します。保険への加入や、契約に免責事項を盛り込むなどして、自社が抱えるリスクを他に移転するというアプローチです。

事業への影響 低 × 発生頻度 高

顕在化しても影響は小さいが、高頻度で発生する事象です。毎年発生

する自然災害などが想定されます。このリスクについては「低減」で対応します。

　発生の可能性を減ずるアプローチでは、設備の耐災補強を行う、サプライヤーのスクリーニングを行って災害対応力を確保する、などの対応策が考えられます。

　事業への影響を減ずるアプローチでは、部材の標準化によって代替品入手を容易にすることや、社内部署間や取引先・競合との連携強化、適正在庫レベルの増加、工場の分散配置、多能工化による人的リソース喪失時の対応力強化などの対応策が考えられます。

事業への影響 低 × 発生頻度 低

　影響も発生頻度も低いリスクについては「保有」することも選択肢になります。内部留保を積み上げておき、リスクを受容してしまうという考え方です。

　リスクの低減を図る際に、在庫を積み増したり、工場を分散配置したりする「冗長化・複線化」は非常に有効な手段ですが、一方でジレンマをはらみます。コスト低減を狙って進めてきたサプライチェーンの効率化・集約化と逆行する動きだからです。

　それは「頑健性」と「競争力」の間のジレンマということができるでしょう。冗長化・複線化することによって事業の頑健性は増しますが、一方、コストを筆頭とした競争力にはマイナスに働きます。自社にとってベストなバランスを見出すのが、サプライチェーン・マネジメントの仕事の本質と言えるかもしれません。

　また、強化策の実行にあたっては、ボトルネックに着目することが大切です。

　サプライチェーンにおけるボトルネックとは、例えばひとつの工場で

しか行えない生産工程、ひとつしかないサプライヤーから調達する特殊な部材、ひとりにしかできない特殊な加工工程など、替えがきかず、危機事象によってその一点が阻害された場合にサプライチェーンに大きな影響が出るポイントのことです。

　ここを重点的に手当てし、リスクを極小化しておくことが有効です。

④ リスクのモニタリング

　対応策を実行しても、当然リスクはゼロにはなりません。また、サプライチェーンの内部環境・外部環境は刻々と変化していきます。分析し、把握したリスクについて、日常的にモニタリングすることが必要です。

　第3章の「いかに危機事象の発生を覚知するか」でも述べたように、いかに危機事象を迅速に覚知し、正確に状況を把握できるか否かが、危機対応のクオリティを決定づけます。

　例えば、2021年3月にスエズ運河で大型コンテナ船の座礁事故が発生しました。エジプトのスエズ運河は、欧州とアジアをつなぐ「国際物流の要衝」。年間1万8000隻超の船舶が通過します。

　ここでコンテナ船が座礁して通行不能になったのは物流の世界では大ニュースですが、SNSではその情報がすぐに発信されたものの、欧州の報道機関によるニュースはその数時間後に配信され、日本の報道機関による日本語でのニュース配信はさらにその数時間後でした。

　この約半日のタイムラグがあれば、スエズ運河を通る予定だった出荷の手続きを止めて別ルートの船便を確保したり、納入義務のある最低限の数量を航空便に振り返るなど、その間に能動的な対応が取れるはずです。

こうしたサプライチェーン上での危機事象の場合、代替手段の確保は早いもの勝ちになることが多くあります。ビジネス上の競争力につながるサプライチェーン・リスクマネジメントと言えるでしょう。

多元化・可視化・一元化の推進

日本の国としての経済安全保障を確保するためにも、サプライチェーンの強靭化は社会的な課題となっています。

経団連が2021年に発表した「非常事態に対してレジリエントな経済社会の構築に向けて」では、サプライチェーンを強靭化するためには、多元化・可視化・一元化を推進すべきと提言されています。これを独自の視点を加えつつ解説したいと思います。

サプライチェーンの多元化

事業の継続のため、材料調達や生産拠点の多元化を推進すべきです。

が、前述の通り冗長化・複線化というのはサプライチェーンが本来追求すべき「効率化・コストダウン」と逆行する流れであるため、ベストなバランスを見出すという意識が必要になります。

サプライチェーンの可視化

以下3つの可視化が含まれるべきです。

①サプライチェーン構造の可視化

②サプライチェーン上のリスクの可視化

③サプライチェーンに影響を与えるインシデントの可視化（迅速な覚知）

サプライチェーンの一元化

　本章の冒頭でも述べましたが、サプライチェーンというものは自社のみで完結せず、常に数多くの企業や組織によって構成されています。その意味で、サプライチェーンを構成するプレイヤーが一元化して (＝連携して) 取り組むことが、サプライチェーンの強靭化にとって本質的に重要なことだと考えられます。

　サプライチェーンの一元化についてもう少し深堀りしてみましょう。
　サプライチェーン・リスクマネジメントは、そのチェーンに属する一社が孤軍奮闘しても強靭化を果たすことはできません。構成する企業や組織が連携して、ひとつの生態系として事業継続能力の向上を図る必要があります。
　自社と外部企業の連携を念頭に置いていますが、例えば石油販売の企業グループでは、製油所からガソリンスタンドまでの系列内各社で連携し、BCP を策定しているケースもあります。

●供給先・調達先との連携
・事業を継続するのに必要な安全在庫をどちらが持つのかの協議
・重点製品と生産再開目標の共有（復旧作業の円滑化）
・二次調達先より先のサプライヤーにおけるリスクの把握と可視化
・共同での訓練の実施

●荷主と物流業者の連携
　荷主と物流業者の間で事前に以下の事項を協議しておくことで、事業継続対応を円滑に進めます。
・可能性のある代替輸送ルートや物流拠点
・発災時に代替手段を取る場合の手順やコスト想定
・燃料の確保手段

・相互緊急連絡体制

●同業他社との連携

　発災時に相互に助け合うことを定める災害時協力協定を結んだり、一部委託生産を行うことによって共同で冗長化・複線化に取り組む試みなどが考えられます。

●行政機関との連携

　平時を想定して定められている法令や条例につき、発災時に順守が難しいケースでの取り扱いを事前に協議したり、企業側から規制緩和の要請を行うなどといったことが考えられます。

第3部

危機管理の
未来

第9章

危機管理 DX が
今求められる理由

我々は東日本大震災の教訓を活かせているのか

　2011年3月11日午後2時46分に東北地方の太平洋沖を震源として発生したM9.0の超巨大地震と、それに続く津波と原子力発電所のメルトダウン。災害関連死を含めると2万2000人以上の方が亡くなった東日本大震災から10余年が過ぎています。

　被災された方々は当然として、迫りくる津波の映像をテレビ越しに見つつ為すすべもなかった全ての日本人にとって、東日本大震災は大きな心の傷として残っていると思います。

　その際に得られた教訓をもとに、我々は少しでも前進しているでしょうか？　振り返ってみたいと思います。

従来手法の限界：ハード対策

　近代的な観測が始まって以来最大の規模であった3.11の地震は、想定されていた6つの震源域が次々と連動して断層破壊を起こし（破壊された断層面積は南北500km・東西200kmにも及びます）、海底が大きく隆起することで大津波を引き起こしました。

　津波の高さは高いところでは10mから15m以上に達し、岩手県宮古市の重茂姉吉地区では実に40mの遡上高を記録しました。

　三陸沿岸の各地は、歴史的にも何度も津波に襲われていたために、堤防が整備されていましたが、そのほとんどが破壊され、押し流されてしまいました。

　なかでも象徴的だったのは、「日本一」と称されて、世界から大勢の

視察が訪れていた宮古市田老地区の二重の防潮堤が、やすやすと乗り越えられてしまったことです。

　この防潮堤は 1933 年の昭和三陸地震津波の翌年から築造が着手され、44 年の歳月をかけて 1978 年に完成したものです。高さ約 10m、総延長 2.4km の二重の防潮堤は、1960 年に発生したチリ地震津波でも町を守りました。

　しかし東日本大震災ではその高さを超えられてしまったうえ、二重のうち海側の堤防が約 500m に渡って破壊されてしまいました。まさに想定外の事態と言えるでしょう。

　これを受けて、政府は中央防災会議を設置し、全 12 回にわたる審議を経て、「東北地方太平洋沖地震を教訓とした地震・津波対策に関する専門調査会報告」が 2011 年 9 月 28 日にとりまとめられました。その中で、津波対策については、2 つのレベルを想定することとなりました。

　ひとつは「数十年から百数十年に一度程度の頻度で発生する津波」（レベル 1 ）。もうひとつは、「数百年から千年に一度程度の頻度で発生し、影響が甚大な最大クラスの津波」（レベル 2 ）です。

　レベル 1 の津波については、引き続き堤防建築などのハード対策を行い、生命のみならず財産や経済活動の保護をめざします。
　一方、発生頻度は極めて低いが甚大な被害をもたらすレベル 2 の津波については、被害の最小化を主眼とする「減災」の考え方に基づき、堤防などのハード対策やハザードマップの整備等のソフト対策といった取りえる手段全てを尽くした、総合的な津波対策を確立することとなりました。

レベル２の津波まで防ぐような堤防や防潮堤を建築するのは、莫大なコストがかかってしまうことに加え、海へのアクセスという日常生活における利便性を損なってしまうものですので、レベルを分けて割り切った形になります。

　このようなハード対策は当然、必要です。しかし、堤防などハードウェア建設には巨額の投資が必要で、メンテナンスにも毎年多くのコストがかかります。今後人口が減少していく日本社会にとって大きな負担になるでしょう。
　にもかかわらず、それでも東日本大震災のような規模の災害には歯が立たないという事実を我々は認めざるをえません。

従来手法の限界：ソフト対策

　それではソフト対策はどうでしょうか。
　前述の報告書からソフト対策の要点を抜き出すと、「ハザードマップや避難ルールなど事前準備の充実・強化」と「津波警報や情報伝達体制の充実化による適切な避難行動の促進」の２点がポイントになります。

　前者については、各自治体での努力でハザードマップの充実化やルールの制定は進んでいます。しかし、ハザードマップはある一定の条件のもとでのリスク想定であって、前提条件と大きく異なる危機事象については無力です。詳細については第11章で後述します。

　また、避難行動を適切に促進することについてもまだまだ課題が多そうです。

　2022 年 1 月 15 日に南太平洋トンガの火山で大規模噴火が発生し、当日深夜に日本の広い範囲に津波警報や注意報が発出されました。しかし、読売新聞の調べでは、沿岸 12 市町村の避難指示対象者のうち、実際に避難したのはわずか 4％に留まりました。

　また、宮城県内の数字では、およそ 8 万 8000 人に避難指示が出されたものの、避難所に避難したのは最大でも 1％未満の 177 人だったことが分かりました。当初「津波の被害の心配はない」と気象庁が発表していたこと、また、深夜で気温も低かったことも影響したと考えられますが、非常に低い数字であったと言わざるをえません。

　人間には非常事態に際して、「自分は大丈夫だ」「たいしたことない」と心を正常に保とうする「正常性バイアス」や、周囲にいる人に合わせて行動しようとする「同調性バイアス」など、色々な心理的なバイアスをもっています。

　その性質を踏まえたうえで、避難すべき人をきちんと避難させるための情報伝達をいかに行っていくか。この点については、トンガのケースを見る限り、まだまだ十分にできているとは言えないのではないでしょうか。

　仕組みを構築し、浸透させるには時間がかかる上、最終的には一人ひとりの意識に依存せざるをえず、さまざまなバイアスが邪魔になるということがソフト対策の難点であると言えます。

危機管理 DX

　このように従来手法の限界が見えるなか、危機管理はいま大きく進化

するべき時期に差し掛かっていると考えています。

　その進化のひとつの方向性がDX（デジタルトランスフォーメーション）です。現在、ビジネスの世界ではDXという言葉もすっかり浸透し、多くの企業がさまざまな形で取り組んでいます。

　危機管理の世界におけるDXとは何かを考えてみたいと思います。

　DXは、経済産業省のDX推進ガイドラインの定義では「企業がビジネス環境の激しい変化に対応し、データとデジタル技術を活用して、顧客や社会のニーズをもとに、製品やサービス、ビジネスモデルを変革するとともに、業務そのものや、組織、プロセス、企業文化・風土を変革し、競争上の優位性を確立すること」とあります。

　要約すると「デジタル技術を活用してイノベーションを起こすこと」と言うことができます。

　DXがここまで注目を浴びている理由は2つあります。

　一つ目は、AI、IoT、クラウドコンピューティングといったデジタル関連技術が急速に発達し、低コスト化・コモディティ化することで誰でも簡単に扱えるようになってきたこと。

　二つ目は、国内市場の飽和化やグローバルなディスラプター（AmazonやUberのように市場を大幅に塗り替えてしまう"破壊者"）の台頭など、ビジネス環境が変化し、イノベーションを起こさなければ生き残っていけなくなっているからです。

　イノベーションが起こるには2つの条件が必要です。

　①強いニーズや解決されていない課題が存在すること

　②その課題を解消できるテクノロジー（組み合わせ含む）や社会環境が整うこと

　例えば、スマートフォンなどに広く使われているリチウムイオン電池。高密度・高電圧で自己放電率も低いという当時としては画期的な特長をもち、元々は旭化成が 1983 年に開発に成功しているものですが、当初は全く売れませんでした。

　その後、ソニーによる量産化成功を経て、携帯電話の第 2 世代移動通信システム（2G）というテクノロジーと組み合わさることによって、モバイル通信への莫大なニーズを満たす形で一気に花開くこととなりました。

　では、危機管理の世界におけるデジタル技術によるイノベーションは今後花開くでしょうか。

　ひとつに危機管理をアップデートする強いニーズや解決しなければならない課題は存在します。前述したように従来手法による対策では限界があり、これまでは危機というものに対して、受け身での対応に終始せざるをえませんでした。

　さらに、現在我々の社会が直面しているリスクトレンドによって、今後さらに「想定外」の事象が起こる時代に突入していく可能性が高いでしょう。

　また、日本では人口減・少子高齢化が進むことで、対応するための人的・財務的リソースが、自治体・企業双方で不足していくことは明白です。危機管理の刷新に対する社会的要請は非常に大きいものと言えます。

　では、もう一つの要件である「その課題を解消できるテクノロジー（組み合わせ含む）や社会環境」が満たされているかについて、次章以降見ていきたいと思います。

第 **3** 部

危機管理の
未来

第 **10** 章

危機管理を
アップデートする

社会環境の大きな変化

　2011年3月11日、日本を襲った未曽有の自然災害・東日本大震災。我々は災害の恐ろしさを思い知らされ、無力感を抱きました。それから10年以上が経過し、その間に我々の社会環境は大きく変化しています。

　ひとつは情報伝達方法の変化。2011年時点では10人に1人しか所有していなかったスマートフォンは今や1人1台が当たり前になりました。
　また、SNSが発達することで我々の情報収集や個人からの情報発信のやり方は大きく様変わりしました。
　もうひとつはテクノロジーの進化です。さまざまな技術が進化・発展し、またそれらのテクノロジーがお互いに掛け合わされることで新たなイノベーションが次々に登場しています。

　これら社会環境の変化を前提に、我々は危機管理をアップデートすべきだというのが、本書が伝えたいメッセージです。
　では、まずどのような変化が起きているのかを確認していきましょう。

スマートフォン×SNSで情報の流れが変わった

　我々の情報伝達やコミュニケーションの方法はこの10年で大きく変化しました。そこに大きく寄与したのが、やはりスマートフォンの普及でしょう。

　いわゆる「ガラケー」と呼ばれるフィーチャー・フォンでは、通話とキャリアメールが機能の中心でしたが、これがスマートフォンに代わることで、人々はその手のひらに小さなコンピュータを収めることとなりました。

　インターネット通信と多様なアプリの組み合わせで、何かを調べたり、発信したり、ゲームをしたりするようになります。スマートフォンの日本における普及率は、2011年に9.7%でしたが、2020年1月には83.4%（総務省調べ）にまで増加しています。

　そして、スマートフォンと足並みを揃えて急速に普及したのがツイッターやフェイスブックをはじめとするSNS（ソーシャル・ネットワーキング・サービス）です。

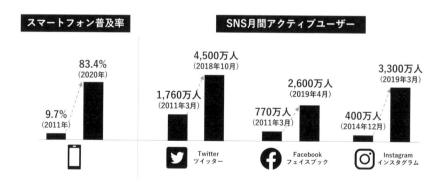

データ出典：「ソーシャルメディアラボ」「ニールセン調査」「総務省」

この 10 年で主だったサービスはユーザー数を大きく伸ばしています。LINE 株式会社が提供するメッセンジャー・アプリ「LINE」は、東日本大震災当時に日本でサービスが始まっていませんでしたが、2022 年 4 月時点で 9,200 万人の月間アクティブユーザーを抱え、生活インフラの地位を確立しています。

　SNS が普及することで我々のコミュニケーションはどのように変化したでしょうか。
　SNS が登場する以前は、マスメディア（テレビ、新聞、ラジオ、雑誌）が流す情報を大衆が一方的に受け取る形で情報が流通し、人と人の間の情報交換や情報発信は、友人や家族などのごく狭い範囲に限定されていました。マスメディアというフィルターを通すことで、情報の真偽や重要性などについて一定の質が担保されるポジティブな面がある一方で、情報の出し手・受け手は非常に固定的だったと言えます。

　その後、インターネットの普及でブログや掲示板などによる個人の情報発信は徐々に増えていきますが、真に「情報発信の民主化」が進み、手軽に伝えたいことを伝えられるようになったのには SNS の役割が大きかったと言えるでしょう。
　情報の流通は双方向的になり、現実世界で交わりの無い人たちとも簡単に意見交換ができるようになります。また、影響力を持つ個人が「インフルエンサー」として、マスメディアにも引けを取らない情報発信力を持ち備えるようになりました。
　しかし、さまざまな情報が第三者のチェックを経ずに流通する構造であるため、デマやフェイクニュース、誹謗中傷などが社会問題として浮かび上がり、米国では SNS が社会の分断を促し、政治を歪めるとして大きな非難を浴びています。

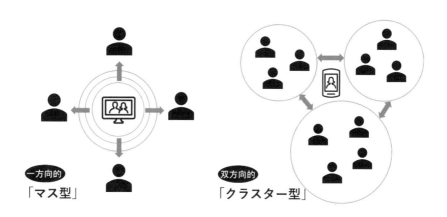

一方向的
「マス型」

双方向的
「クラスター型」

　スマートフォンと SNS が組み合わさることで、危機事象に関する情報の流れも大きく変わりました。

　以前は、何か事件・事故・災害が発生すると、市民から警察や消防に通報があり、それを知った報道機関が記者を現場に派遣、撮影した動画や写真を持ち帰り、画像や文章でコンテンツが制作され、それがテレビや新聞といったマスメディアを通じて我々に伝わる……そのような長い情報伝達プロセスがありました。

　インターネットが普及することでそのプロセスは若干縮まったとはいえ、本質的な部分に変わりはありませんでした。

　翻って現在、誰もが高性能なカメラを搭載したスマートフォンを持ち歩く時代になりました。事件や事故の現場に立ち会っていれば、高画質な動画や写真を撮影し、SNS を通じてその情報を広く発信することができます。

　我々は現場でのリアルタイムな情報をダイレクトに知ることができるようになったのです。

報道記者がどんなに急いでも、現場に居合わせた人にスピードではかないません。昨今のニュース報道で、「視聴者提供」として SNS に投稿された動画が広く使われていることからもそれがわかります。国民総記者の時代、そう言えるのではないでしょうか。

SNS の情報を危機管理に活かすには

危機事象の情報源として SNS を活用することを考えるには、まず SNS における情報の特性を確認する必要があります。

ポジティブな特性として、まず圧倒的な速報性があります。前述したように現場に居合わせた人より速く情報を発信できる人はいません。

危機管理においては、いかに迅速かつ正確に危機事象の発生を覚知し、状況を把握するかが勝負を分けます。一刻も早く知り、一刻も早くアクションを起こすことの重要性は強調してもしすぎることはないでしょう。この点で SNS 情報は大きなアドバンテージを持っています。

また、網羅性が高いということも特徴です。これはさらに 2 つに分けられます。ひとつは「カバー範囲の網羅性」です。そこにスマートフォンを持ち、SNS で情報発信をしている人がいれば、現場の状況を知ることができます。大きな危機事象であれば確実に投稿があると思っていいでしょう。いくら記者を多く配置しても、監視カメラを多く設置しても、これにはかないません。

もうひとつは「事象の網羅性」です。例えばテレビやインターネットのニュースに取り上げられるような事象は、大規模なものに限られます。しかし、さまざまな場所で毎日数えきれないほどの事件・事故・災害は起きており、マスにとって価値がなくとも、自社の事業や従業員の安全

に大きな影響を与えるものもあります。SNS ではそうしたマスメディアにカバーされない小規模な事象も捉えられる点が大きな特徴です。

　例えば、2020 年 10 月 22 日、旭化成マイクロシステム延岡事業所で工場火災が発生しました。

　この工場では音響関連や自転車センサーに使用される LSI を製造していたことから、取引先企業に多大な影響が出ました。部品が手に入らず、大きな減収を余儀なくされた顧客企業もいました。

　SNS にはこの火災の発生に関する投稿が出火直後から続々とあがりましたが、マスメディアでの報道はそれより数時間遅れてなされ、その時に初めてこの危機事象を覚知した取引先が多かったと思われます。

　数時間早く知れていれば、影響の確認や代替品の確保などの必要なアクションを、より迅速に、効果的に打つことができたでしょう。

　海外の事例としては、第 7 章でも紹介したスエズ運河でのコンテナ船座礁事故があります。他には、2021 年 8 月に、中国の長江河口に位置し、世界屈指のコンテナ取扱量を誇る寧波舟山港が、労働者が新型コロナウイルスに感染したことにより部分閉鎖されました。本事象も SNS の方がマスメディアの報道より数時間早く情報を伝えた事例のひとつになります。

出典：LOGISTICS TODAY　2021年12月13日　　　　出典：Bloomberg 2021年8月13日

もう一つ身近な例を挙げると、2021年6月18日に発生した、札幌の住宅街でのクマの出没があります。

　その日未明から、札幌市東区の住宅街でクマの目撃が相次ぎ、緊張が走りました。結局、4人を襲って怪我をさせたのち、クマは猟友会のハンターによって駆除されました。

　北海道でクマが出没することは珍しいことではありませんが、この時は市街地の中心部、人口が密集しているエリアで出没したことから、危険度が高かったと言えます。

　同時に、人が多く住むところが舞台であったことから、それだけスマートフォンで捉えてSNSに投稿する人が多く、（株）SpecteeではSNSから収集した情報から、下図のようなクマの動きをリアルタイムで顧客に提供していました。SNS情報の速報性がわかる事例です。

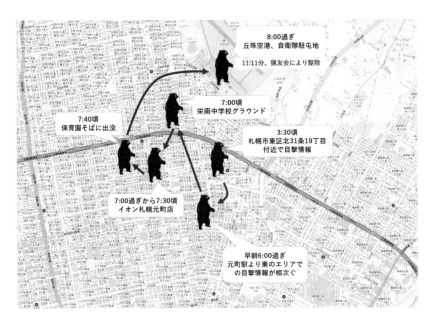

地図データ © OpenStreetMap contributors

　一方で、こうした SNS 情報を扱うには独特の難しさがあります。

　SNS には日々膨大な量の投稿がなされますが、その内容も、プライベートな話題や個人的なつぶやきがほとんどです。

　それら大量の投稿の中から、危機事象に関する投稿のみを拾い上げるのは、SNS の中での検索機能を使うだけでは到底不可能です。

　また、第三者のチェックを受けずに情報発信がなされるため、デマや誤報が必ず紛れ込みます。

　例えば 2016 年の熊本地震の際には「ライオンが逃げた」というデマが流布され、パニックが起きました。

　昨今は SNS を提供する会社でもデマを排除する取り組みが積極的になされていますが、チェックの対象となる投稿が膨大であること、および真偽の判断は簡単ではないことから、すぐに解決ができるとは思えません。

　そのため、情報の受け手側が見極めなければなりませんが、一人ひとりがそうした高いリテラシーを身につけることを期待するのは現実的ではないでしょう。

　このように情報が多すぎること、およびデマや誤情報の可能性があることが SNS 情報を活用する上での問題点と言えます。

加速するテクノロジーの進化

　スマートフォン× SNS で情報伝達方法が変化したことについて見てきましたが、もう一方の社会環境変化であるテクノロジーの進化について解説していきます。およそこの 10 年間に、危機管理を大きく前に進めるために必要なテクノロジーが著しく進化してきています。

人工知能（AI）

　AI は、近年人間が手に入れた技術の中でも最もパワフルなもののひとつです。従来のシステム処理（例えばコンピュータプログラム）は、人間が定めたロジック（A なら X を実行、B なら Y を実行など）に従って情報を処理するのに対して、AI はパターンを学習し、その結果をもとに情報を処理します。

　AI は既に我々の社会に実装されており、音声アシスタント、工場の生産ラインにおける機械の故障予測、広告コピーの自動生成、株式の自動売買、採用サービスにおける人材のマッチングなど、その用途は多岐にわたります。これらの「AI ができること」をまとめると「予測」「分類」「実行」の 3 つに分類することができます。そして、AI が人間の脳をはるかに凌駕する点は、対象となるデータが膨大な量であっても、24 時間疲れることなく学習し、情報処理をし続けられるところです。

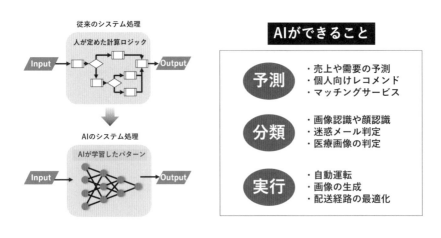

　2010 年代に始まった現在の AI ブームは「第 3 次ブーム」と言われています。

　ブームというものは、盛り上がったあとはしぼんでしまうのが常であり、実際、第 1 次・第 2 次ブームは技術的な限界が見えたことで衰退しました。

　その限界というのは、当時の AI が「ルールベース型」、つまり人間がルールを設定し、AI はそのルールに沿った処理を行うものだったことです。しかし、ルールをすべて人間が設定するのは手間がかかりすぎて不可能です。

　例えば、大量の画像の中から犬が写っているものを識別するために必要なルールを想像してみてください。足が 4 本ある、耳が 2 つある、毛が生えている…それでは猫も馬も鹿も当てはまってしまいます。そもそも、ヘアレスドッグという毛のない種類もいます。

　と、このように、「犬」のルールを記述するだけでも非常に困難なことがわかります。これが衰退の理由です。

　一方、現在の第 3 次ブームにおける AI は「学習型」。AI がデータを学習し、データの背景にあるルールやパターンを発見する方法です。

　これは機械学習、とりわけディープラーニングと呼ばれる技術が発展することで可能となりました。これにより、「ルール記述に手間がかかりすぎる」という限界は突破されました。

　ディープラーニングは、人間の神経細胞の仕組みを模したシステムで、データに含まれる特徴をより深く学習することが可能となるため、パターンを識別する精度が飛躍的に向上することとなりました。

　前述したように、SNS 情報を危機管理に活用するには、情報が多すぎること、およびデマや誤報の可能性があることが問題点でした。

　しかし（株）Spectee では、AI による画像解析や自然言語分析によっ

て、膨大な投稿の中から危機事象に関するもののみを選別したり、デマや誤情報の可能性をチェックしたりという技術をもっています。

　テクノロジーによって、SNS情報を価値のあるものに変換した実例と言えるでしょう。

通信技術

　5G（携帯電話などに用いられる通信規格の第5世代）が、2020年から日本国内においてサービスインしました。現在整備が進んでおり、今後2024年3月末までに人口の95%、2031年3月末までに99%がカバーされる計画です。

　この5Gは、一世代前の4Gと比べて、「高速大容量」「低遅延」「多数同時接続」という特徴があります。

　5Gを使えば、大容量のデータであっても一瞬で送信することができるようになります。危機管理の世界での活用を考えると、例えば道路を監視するカメラで撮影した動画や、大量に設置された河川の水位計のデータなどを、リアルタイムで収集することが可能になります。

　特に映像については、データ転送量の多い高画質な動画も簡単に送れるようになるため、被災地や事故現場などの状況の把握が容易になることが期待できます。

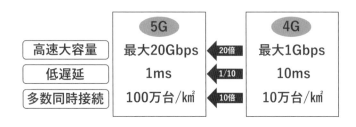

　また、人工衛星をたくさん打ち上げて地球を覆い、衛星を介したブロードバンドインターネットを全世界で利用できるようにする計画が、民間企業のリードで進んでいます。2022 年 10 月には、イーロン・マスク率いる SpaceX 社の衛星インターネットサービス「Starlink」が日本でも提供開始されました。

　既存の基地局ではカバーできない僻地や通信インフラの貧弱な国を含め、地球上どこからでもインターネットにつながるようになれば、世界をくまなく網羅したネットワークが完成することになります。

　また新型コロナウイルス感染拡大によるリモート化・巣ごもり化が後押ししたこともあり、この 10 年で通信量は爆発的に増えています。

　世界の IP トラフィックは、現在と比べ 2030 年には 30 倍以上、2050 年には 4,000 倍に達するという予測もあり、今後も社会経済のデジタル化に伴って通信量は大幅に増加していくことは間違いありません。

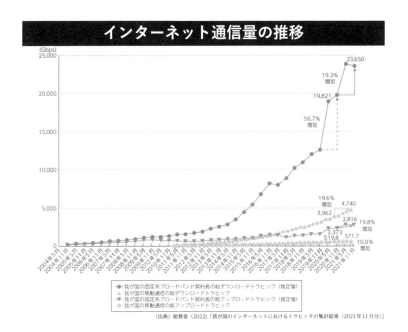

インターネット通信量の推移

（出典）総務省（2022）「我が国のインターネットにおけるトラヒックの集計結果〔2021 年 11 月分〕」

IoT（モノのインターネット）

　IoT とは「Internet of Things」の略称で、「モノのインターネット」
と訳されます。

　IoT という言葉が出てくる前は、インターネットはコンピュータ同士
を接続するためのものでした。
　しかし、現在では新たにスマートフォンやタブレット端末も接続され
ているだけでなく、テレビや白物家電、ウェアラブルデバイスなども
インターネットにつながるようになってきています。IoT 機器が小さく、
コストも安くなることで、今後もどんどんさまざまな機器がつながって
いくでしょう。

　このようにあらゆるモノがインターネットにつながるようになると、
さまざまな用途が今後考案されていくと思われます。
　今のところ、具体的には以下のような用途が想定されています。

モノの操作	モノの動きを検知する
エアコンの調整 照明のオンオフ シャッターの開閉など	交通機関の運行状況を知る 人感センサで照明を自動調整 高齢者の見守りなど
モノ同士で通信する	モノの状態を知る
自動運転で自動車と信号機が 通信して動きを制御するなど	機械の運転状況を監視する 家電の電力消費量 帰宅状況の把握など

　防災の世界においては、コストが安くネットワークにつながる「IoT水位計」が登場しています。リアルタイムに河川の水位の情報を取ることができれば、川の氾濫リスクの高まりをタイムラグ無しに知ることができるようになるでしょう。

　また、今後街にはスマートポールやスマート信号と呼ばれる設備が設置される流れがあります。
　これらは、街灯や信号機に AI カメラ・5G 基地局・公衆 Wi-Fi・各種センサーを組み込んだもので、自動運転車と通信して運転支援をしたり、防犯目的にカメラ画像を解析したりと、都市生活を効率化するために必要な設備です。
　ひとつ活用例を挙げれば、スマート信号に設置したセンサーで自動車や人間の動きを感知し、そのデータをサーバに送り、信号の変わるタイミングを最適化する計算をしたあとで信号機に指示を戻す……というような使い方で、渋滞の解消につなげるような用例が考えられます。

　こうしたスマートポールやスマート信号は、防災や危機管理の局面でも活躍するでしょう。

AI × 5G × IoT

　紹介した AI や 5G、IoT はそれぞれが社会を変革するような大きなパワーを秘めていますが、さらにそれらが掛け合わされることによって、さらに大きな価値を生み出すことができます。

　IoT であらゆるモノがインターネットにつながり、世界の状態や事象をデジタルデータに変更できるようになります。5G はそうしたデータを大量に、高速・停遅延の通信ネットワークによって伝送することがで

きます。

　そして、AI はそうしたデータを処理し、予測・分類・実行につなげていくことができます。 AI × 5G × IoT の社会。それは無数のデバイスからデータを取得し、伝送し、解析処理することができる社会です。

　例えば製造現場はどのように進化するでしょうか。

　製造工程、部材や在庫の管理、前後のサプライチェーンの状況はさまざまなデバイスで把握・管理され、リアルタイムでやりとりされるデジタルデータによって制御され、最高度に効率化されたオペレーションが実現することが期待されています。

　また、医療の世界では、医師による画像診断は過去に蓄積された膨大なデータから人工知能が補助するようになるでしょう。ロボットを介して遠隔地の人に精密な手技を必要とする手術を行うことも可能になります。

　未来の交通については、自動運転車が町中に設置されたスマート信号と通信して位置を確認するなど、IoT × 5G × AI の環境自体が自動運転を実現するために必要なインフラになっていきます。自動車もセンサーの塊となり、交通の状況、周囲の映像、路面の状態などのデータを取得して、それが別のさまざまな用途に利用されることになるでしょう。

　これを危機管理の世界に持ち込むと、どのようなことができるでしょうか。

　現在、日本中の道路や河川には多数の監視カメラが、地方自治体や管理団体によって設置されています。今は数分に一度のスナップショットを撮影することくらいしかできませんが、いずれは高画質の動画を 5G 経由でリアルタイムに伝送できるようになるはずです。

　しかしこれら膨大な数のカメラを、人間の目で監視し続けることは現

実的ではありません。

　ここに AI による画像認識技術を適用すれば、AI が 24 時間休まずカメラ画像を監視し、予め学習しておいた状態になった場合（例えば、路面が凍結する、河川の水位が閾値を超えるなど）にアラートを上げるような機能は十分に実現が可能です。

　また、カメラ画像だけではなく、インターネットにつながった水位計のデータや人工衛星によって撮影した画像、信号やスマートポールに組み込まれる各種センサー情報など、今後情報ソースは急拡大していくでしょう。

　そうしたデータを 5G で伝送し、AI で解析をし、例えば水害の発生状況や浸水範囲の予測を行い、人々に避難行動を促すといった使い方が考えられます。

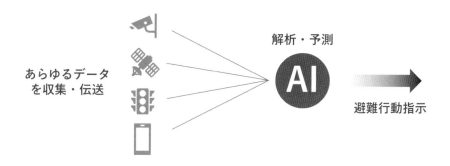

ロボット / ドローン

　ロボットやドローンの技術も大きく進化しています。

ロボット技術は、日本が歴史的に強みをもつ分野です。過去には産業用途での開発が中心でしたが、今では災害用途での開発も急速に進んでいます。

　危険な環境、例えば二次災害が予想される被災地や放射能に汚染された場所、大規模な火災の現場など、人間に代わって分け入って行き、情報収集を行ったり、復旧作業や修理を行うようなロボットが多く開発されています。人が重労働をするのをサポートするパワーアシストスーツもそのひとつです。

　今後もAI技術などと組み合わされることで発展が続いていくでしょう。

　また、無人で遠隔操作や自動制御によって飛行できる航空機、いわゆるドローンの急速な進化と普及には目を見張らされます。

　ラジコンや軍用の無人航空機は以前より存在していましたが、2010年にフランスのA.R.Drone社が民間用の自律飛行型航空機を発売したことで"ドローン"という言葉が広がり、現在では中国のDJI社を筆頭に数多くのドローンが開発・販売されています。

　ドローンは上空から状況をとらえたり、探索したり、また人が入り込めない危険な場所に入っていくことができるという点で、災害時に活用できる可能性が大きく広がっています。

　援助物資の供給や避難の呼びかけなど、さまざまな活用方法が考えられますが、現場を俯瞰的に見られる点で、危機事象発生後の大切な「目」としての活躍も期待できます。

人工衛星

　地球を俯瞰してとらえられる目と言える人工衛星。以前は国が威信を

かけて開発していた宇宙分野ですが、現在は民間企業による衛星打ち上げが加速し、既に数千台が地球の軌道上を回っています。

　人工衛星は、目的に応じてさまざまな高さで地球の周りを飛んでおり、高度が低い場合は 400 km ほどの高さを飛んで約 90 分程度で地球を一周、高い場合は約 3 万 6000km ほどの高さを周回し、24 時間かけて地球を一周しています。

　また、搭載しているセンサーもさまざまで、多様な事象を観測できるようになっています。

「光学センサー」は通常のカメラと同じく可視光を計測するものです。目で見たものと同じように直感的に対象をとらえることができる一方、光の届かない夜や曇天時には撮影ができません。

「熱赤外センサー」は、対象物が温度に応じて発する電磁波をとらえて表面温度を測るセンサーです。観測できる範囲は広いですが、解像度が低いという特徴があります。

　そして現在利用が急拡大しているのが「SAR センサー」です。SARとは合成開口レーダー（Synthetic Aperture Radar）を意味します。センサーから電波を発射し、その反射をとらえることで対象物を計測するため、夜であっても、悪天候であっても変わらず観測することが可能です。そして、使用する電波の波長を変えることにより、地表の様子、地下水、地下鉱物の分布などさまざまな対象を計測することができます。

　技術革新によって、この SAR センサーの小型軽量化が進み、低コストで小型衛星にも搭載することができるようになったため、多くの企業が競って導入しています。地表の水分保有量を測ることで森林火災のリスクを監視したり、違法操業をしている船舶を割り出したり、農業の収穫量を改善するために土壌や土地の状態を観測したり、さまざまな用途が開拓されているのが現状です。

こうした衛星データの活用はこれまでなかなか広がってきませんでした。理由としては、①観測したい場所をいつでも観測できるわけではない、②得られるベネフィットに対してデータが高額すぎる（費用対効果の問題）、③データの処理が難しい、などが挙げられます。

　しかし宇宙産業の民主化が進み、製造・打ち上げコストが急速に低下していることや、データを蓄積するクラウド環境やそれを解析する技術が充実してきたことにより、まさに衛星データ活用はキャズムを超えようとしています。

　①の観測頻度の問題については、安価な小型衛星をたくさん打ち上げて、それらを連携して運用する「衛星コンステレーション」という方式で克服されようとしています。

量子コンピュータ

　量子コンピュータとは、「量子重ね合わせ」や「量子もつれ」といった量子力学における現象を情報処理技術に適用することで、従来のコンピュータでは答えを出すのに膨大な時間を要するような複雑な計算を実行できるコンピュータです。

　従来のコンピュータでは、一つのビットで0か1どちらかの値しか表せませんが、量子コンピュータでは、0と1を同時に表す（重ね合わせる）ことができます。

　例えば2ビットの計算結果から一つの解を選ぶという場合、従来のコンピュータでは1と0の全ての組み合わせである4通りの計算をする必要がありますが、量子コンピュータでは、量子ビットを重ね合わせ状態にすることで、4通りの計算をまとめて一回で行うことができます。

　これが、量子コンピュータの特徴である「並列計算ができる」ということの意味です。「重ね合わせ」の性質を活かし、何通りもの計算を重ねて一度に全ての回答を出すことができるのです。

　こうして計算回数を格段に減らすことによって、量子コンピュータは桁違いの処理能力を発揮し、その計算速度は従来のコンピュータの約1億倍とも言われています。

　ただ、まだ実用化へのロードマップは明確には見えておらず、これから研究開発が重ねられ、多くの課題をクリアしていく必要がある段階ではあります。

　量子コンピュータが実用化レベルに達すると、どのようなことが可能になるでしょうか。

　数えきれないほど多くのパターンの中から、最適なパターン一つを見つけ出すような計算を瞬時に行えるようになります。

　膨大な数の素材を組み合わせた新薬や新素材の開発や、複数の経由地を持った交通ルートの提案、人員配置や製造方法の最適化などに応用することができます。IoT や AI といった技術と組み合わさることで、膨大なデータを使って社会活動の全体最適化・効率化を図るスマートシティの実現にも不可欠な技術になるでしょう。

新たな情報源「オルタナティブ・データ」

オルタナティブ・データという言葉をご存じでしょうか。

言葉の意味合いとしては「代替データ」となり、これまで活用されてこなかったデータのことを指します。

　例えば金融の領域では、政府が発表するGDPなどの経済統計や、企業の財務情報が伝統的に活用されてきました（これを対義語的に「トラディショナル・データ」と言います）。

　しかし昨今は、店舗で取得できるPOSデータや、スマートフォンの位置情報から集められる人流データ（人がいつどこに何人いるのかを把握できるデータ）、人工衛星から撮影した画像など、これまで取れていなかった新しいデータの取得が可能になってきています。

　そこで、機関投資家が投資判断を行うために企業の財務情報を見るだけではなく、例えば人工衛星で撮影したスーパーマーケットの駐車場の混み具合を前年と比較し、売上を予測して判断材料として活用するといった使われ方が始まっています。

　危機管理の世界においても、トラディショナル・データである地方自治体や気象庁などが発表する公的情報は引き続き重要ですが、そこに加えてオルタナティブ・データを積極活用していく姿勢が求められると考えます。

　例えば、首都直下型地震が発生した際に危惧される帰宅困難者問題。人流データを活用すればどこにどれくらいの人が滞留しており、援助物資をどう配分すればよいかの判断や、道路の復旧作業の優先順位決めなど、クリティカルな意思決定に役立てることができるはずです。

　SNSの情報も然りです。

　圧倒的な速報性・網羅性と、映像を伴う現場からの情報は非常に価値が高いということは前述した通りですが、スマートフォンとともに普及することで重要性を増したオルタナティブ・データの一つと言うことができます。

トラディショナル・データ		オルタナティブ・データ	
気象情報	震度情報	人流データ	SNS
水位情報	潮位観測情報	人工衛星データ	ドローン映像

取り組みの事例

　SNS 情報や新しいテクノロジーを活用した、危機管理の取り組み事例をご紹介します。

　（株）Spectee では、AI による路面状態判別の実証実験を行っています。
　コストが下がったこともあり、自治体などでは非常に多くの監視カメラが設置されています。しかし数が多いがゆえに人が全てをチェックすることは難しく、そもそも人間の目で路面状態を正確に判別するのは至難の業です。

　（株）Spectee では日本気象協会とともに、路面の状態を画像解析で判別する AI を共同開発しました。これにより、十分な精度をもって、路面が乾燥しているのか、凍結しているのか、積雪があるのかなどを自動的に判別することができるようになりました。
　自治体による効率的な除雪作業や、凍結防止剤散布作業などの意思決定をサポートすることが可能になります。

また、大雪が降ると数百台以上が立ち往生してしまうスタックが毎冬発生します。これにより物流は途絶しますし、取り残された人々の命にも危険が及びます。

　前述の路面状態の判別技術に加え、SNSへの投稿、過去スタックが発生した際の気象データなどを解析することによって、スタックが発生するリスク指数を算出する取り組みも進めています。

　これが実現すれば、災害が発生する前にリスクの高い箇所の通行を禁止するなど、先回りした対応が可能になります。

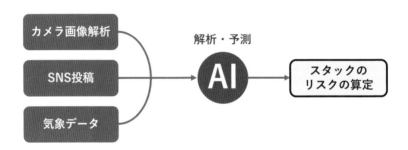

第**3**部

危機管理の
未来

第**11**章

危機管理の
未来

危機を可視化する

　前章で解説した情報伝達方法の変化とテクノロジーの進化を受けて、危機管理の DX は今後急速に進んでいくでしょう。

　なかでも、何にまず取り組むべきでしょうか？　それは「危機の可視化」だと考えます。

　危機は見えなければ、対処することができません。対応するにあたってまず行うべきことは、危機事象の発生を迅速に覚知し、正確に状況を可視化すること。それができなければ BCP でいかに精緻な初動対応計画・復旧対応計画を立てていても意味がありません。

　まず、「現在の可視化」を行い、今どこで何が発生しており、現場がどんな状況になっているのかを把握できるようになることが第一歩です。SNS やカメラ、ドローン、各種センサーを通じて捉えられた情報を統合することで状況を見える化します。

　そして、実現できると価値が高いのが「未来の可視化」です。

　被害が生じたあとに対応するのではなく、事前に対処することで被害が防げればそれ以上のことはありません。

　特に、地震のように予測が難しい災害や突発的な事件（突発型危機事象）ではなく、水害や感染症のように時間経過とともに状況が刻々と変わる進行型危機事象の場合は、未来予測が防災・減災のカギを握っています。AI × 5G × IoT といった技術を掛け合わせ、官民挙げた研究開発が期待される領域です。

　最後に、「過去の可視化」も忘れてはいけません。AI で未来を予測するモデルを構築するには、過去に何がどのように起こったのかがわかるデータを学習させるプロセスが欠かせないからです。

このように「３つの可視化」の進化が、危機管理の未来を築いていくでしょう。

 過去の可視化　**現在の可視化**　**未来の可視化**

現在のハザードマップの問題点

　どのような危機事象を想定するか検討するにあたり、自然災害が及ぼすであろう影響がわかる「ハザードマップ」を積極活用すべきと第３章で述べました。ハザードマップはある意味で未来の予測であり、「未来の可視化」の一形態なのですが、そこには限界があります。

　ハザードマップは、「この範囲に、このような雨が降って、この川が氾濫したら」という一定の前提条件に基づいて作成されているものです。そのため、ハザードマップを見て自宅が色のついていない地域にあることを確認し、安全であると思い込んでしまう危険性があります。
　前提条件が異なれば被災エリアは全く変わってくるためです。実際に発生した自然災害を検証してみると、マップでリスクが高いと示された以外の場所で被災しているケースも多く見受けられます。

下の図は、左が 2019 年 10 月に台風 19 号によって発生した浸水範囲を示した地図で、黒の濃いところほど浸水深が深かったことを表しています。一方、右は阿武隈川の水害ハザードマップとなります。

　ハザードマップでは浸水が想定されていなかった、丸で囲まれた範囲が、実際には浸水し、人的被害も発生してしまいました。

　これは阿武隈川という大きな川にフォーカスし、中小河川による影響を前提条件に盛り込んでいなかったことが原因かと思われます。

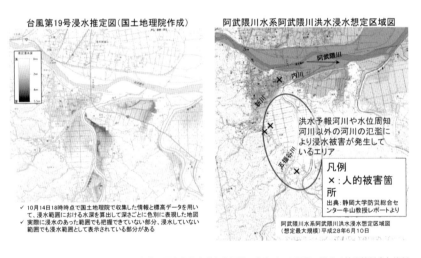

出典：国土交通省「中小河川の水害リスク評価に関する技術検討会」資料

　こうした例を受けて、国土交通省は 2021 年 2 月、これまで大きな河川を対象としていたハザードマップの作成を、中小河川についても義務づけることを発表しました。

　これまで対象の河川は 2 千あまりだったところ、住宅近くを通る中小河川を中心に 1 万 5 千ほど増加することになります。

　しかし自治体にとっての負担が重いうえ、それぞれの河川についてさまざまな前提条件に応じたハザードマップを整備するのは現実的とは言えません。

　一方で、災害の想定規模の問題があります。
　近年の災害の激甚化を受け、ハザードマップを作成する際に想定する災害の規模は大きくなりがちです。結果、例えば水害のリスクが高い東京都江戸川区では、全域がリスクの高いエリアになってしまい、区外、さらには水害の危険が高い江東5区の外にまで避難しなければいけないようになってしまっています。
　避難行動を促そうと、より前提条件を厳しく設定すればするほど、同じような問題が発生してしまうでしょう。

出典：江戸川区ハザードマップ

これらの限界を一言で言えば、災害というのはダイナミック（動的）に状況が変わっていくものであるのに関わらず、現在のハザードマップは一つの前提のもとで作成されたスタティック（静的）なものである点です。

　その時の最新情報や降雨の予測、津波到達の予測などをもとに、リアルタイムで書き換わっていく電子的なハザードマップを自治体が提供し、住民はスマートフォンなどの情報機器でそれを確認し、避難行動につなげていく。そのような運用が理想形だと考えます。

事前防災からリアルタイム防災へ

　これまでの防災は、ハザードマップを作り、それをもとに避難計画を立てたり、避難訓練をして災害に備えるといった「事前防災」の考え方が主流でした。

　しかし気候危機が迫り、想定外の災害が多発する状況においては、既に述べたように、一つの固定的な予測を作ってそれを元に準備をするだけでは十分とは言えません。

　自然災害の発生を正確に予測することは難しい。そこを認めた上で、迫りくる災害や刻一刻と変わっていく状況を把握し、短期的なシミュレーションを随時アップデートしていくことで人々の生命と安全を守る、「リアルタイム防災」という考え方にシフトしていくべきではないでしょうか。そのためには、テクノロジーを積極的に取り入れ、防災・危機管理を進化させなければいけません。

進化するシミュレーション

　リアルタイム防災を実現するには、災害によってどのような被害が出そうかを知るために、短期的なシミュレーションの精度を高める必要があります。

　シミュレーションとは、現実世界を模擬的にコンピュータ上に再現し、特定の条件下で何が起きるかを解析する手法を指します。人の勘や経験に頼らずに客観的・科学的な判断ができることが期待されます。

　身近な例としては、気象予測が挙げられるでしょう。天気予報とは、現実世界の気温、気圧、風、水蒸気、海面水温などを観測したうえで行うシミュレーションに他なりません。

　シミュレーションにまつわる技術は日々進化しています。これまでは人がアルゴリズムを決定したり、制約条件を設定するなど、ある意味で職人芸的な形で専門家が解析作業を行ってきました。

　しかしAI技術が進化し、与えられた大量のデータから特異点を見つける画像認識技術や、有効な計算モデルがない中でもデータから解を導けるディープラーニングのような技術が発達することで、人間が目的を与えるだけで、有効なシミュレーション結果を得られるようになる可能

性があります。

　その他、IoT が進展し、センサーがあらゆるものに埋め込まれることによって、気象データを含めてはるかに大量のデータが高精度に取れるようになり、車の位置・人の動き・道路の状況・河川の水位などの情報などをシミュレーションの素材として活用できるようになります。

　また、そうした大量のデータを処理し、計算するために、桁違いの計算能力を持つ量子コンピュータの実用化も待たれるところです。

（株）Spectee では、AI の解析をもとに水害発生時の浸水範囲をシミュレーションし、リアルタイムに 3D マップ化する技術を開発しました。

　これまでも浸水範囲の推定というものは行われてきましたが、気候が落ち着いたあとに観測用の飛行機を飛ばしたり、職員が現地に行って計測して作成していたため、長い場合には作成に数日を要することもあり、今まさに現場で災害対応のために活用するには遅きに失していました。

　シミュレーション技術の発達によって災害を可視化することは、例えば救助の優先順位を的確に決定するなど、人命に直結する意思決定をサポートすることにつながっていきます。

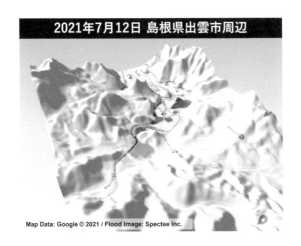

Map Data: Google © 2021 / Flood Image: Spectee Inc.

サイバーフィジカルシステム

テクノロジーが進化し、シミュレーションが高度化することで、視野に入ってくるのが「サイバーフィジカルシステム (Cyber-physical System:CPS)」です。

サイバーフィジカルシステムとは、現実世界の膨大な情報を、データ化してサイバー空間に取り込み、高度な分析を行った上でそれをフィードバックし、現実の世界に最適な結果を導き出すシステムのことです。

既述の AI × 5G × IoT が進化して社会に浸透するに伴い、これを実現する土壌が整ってきているのが現在です。

車は自動運転の技術が進むに連れてセンサーの塊になります。交通を効率化するために、信号や設置が進むであろうスマートポールには、カメラやセンサーが内蔵されるようになります。

人々が身に着けるウェアラブル・デバイスからもより多くのデータが取れるようになるでしょう。

それらのデータを解析し、意味のある形で現実世界にフィードバックすることで生まれる価値がたくさんあります。

わかりやすい例はやはり自動運転です。自動車のセンサーがフィジカル空間のさまざまな情報を収集し、サイバー空間で分析した上でフィジカル空間に戻し、自動車の適切な挙動を制御し、最適なルートに誘導します。

サイバーフィジカルシステムは、防災・危機管理にどのように活用できるでしょうか？

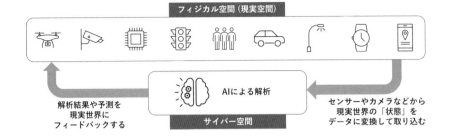

フィジカル空間（現実空間）

AIによる解析
サイバー空間

解析結果や予測を
現実世界に
フィードバックする

センサーやカメラなどから
現実世界の「状態」を
データに変換して取り込む

事前準備

　地震や津波、台風・大雨などの自然災害や事故・テロ攻撃など人為災害に備え、現在と比べて桁違いに多くの要素を計算に入れた高度なシミュレーションを行うことで、人的被害や建物・インフラの被害を事前に予測し、予防策の策定や避難計画の構築、BCP の策定などを効果的に行うことができます。

　各自治体で導入が進んでいるハザードマップについても、ひとつの前提で作成したスタティック（静的）なものではなく、リアルタイムの気象情報などに応じたダイナミック（動的）なものに進化させることができます。

　また、リスクの正確な把握により損害保険料の料率算定も効率的に行われるようになるでしょう。

発災時・復旧時

　被災状況や被害状況を詳細に、かつリアルタイムに把握することができます。また刻々と変わり続ける現場の状況に応じてシミュレーションを繰り返し行い、今後災害がどのような被害をもたらすかの短期的な予測情報が手に入るようになります。

　適切な避難指示の発信・誘導、効率的な救急・消防・警察の派遣、迅速な救助活動・救護活動を行うことができるようになるでしょう。

　また、現在は防災無線などで行っている避難指示などのコミュニケーションもパーソナライズできるでしょう。

　例えば、気象の予測データと過去の水害データから洪水発生の予測をし、洪水が起こるであろう場所に向かう自動運転車のルートを自動的に変更する、洪水発生のアラートを個人のスマートウォッチに送ると同時に、収容する余裕のある避難所に避難誘導する、などといったことも実現できるかもしれません。

「デジタルツイン」という言葉を聞いたことがある人も多いでしょう。

　デジタルツインとは、デジタルの世界にフィジカル空間の情報を完全に再現した"双子"を意味します。センサーやカメラで取得した現実の情報をほぼリアルタイムでコンピュータ上に再現し、そこに対して監視やシミュレーションを行い、得られた情報を現実世界にフィードバックします。

　国土交通省が既に「Project PLATEAU」（https://www.mlit.go.jp/plateau/）の中で3D都市モデルを公開している他、色々なプレイヤーが建物単位などでデジタルツインを構築するプロジェクトを進めています。サイバーフィジカルシステムというコンセプトの、ひとつの具現化の形ということができるでしょう。

デジタルツイン

フィジカル空間（現実空間）　　　　　　　　　　サイバー空間

コンピュータ上で再現

センサーやカメラを設置

現実世界へフィードバック　　　監視やシミュレーション

社会は「Society 5.0」へ

　Society 5.0 とは、もともとは2016年1月に閣議決定された「第5期科学技術基本計画」において、新しいテクノロジーが牽引する次世代の社会像として提唱された概念です。

　その意図するところは、「ICT を最大限に活用し、サイバー空間とフィジカル空間とを融合させた取り組みにより、人々に豊かさをもたらす超スマート社会を未来社会の姿として共有し、その実現に向けた一連の取り組みを更に深化させつつ、世界に先駆けて実現していく」とされています。

　情報社会である現在の Society 4.0 においては、ICT によって個別最適化は実現できていますが、それが社会全体の効率化につながっているかというと疑問です。

　これに対し、サイバー空間とフィジカル空間が融合したシステム、つまり前述のサイバーフィジカルシステムによって社会全体の最適化を目指す世界が Society5.0 です。その実現によりいっそう複雑化する社会課題の解決が期待できます。

　その際に不可欠な要素となるのが「データ」です。データを取り込み、これを解析して最適な解を出し、それにより社会を駆動します。

　例えばスマート農業。現在担い手の高齢化や過酷な労働環境から農業従事者が減少しており、このままでは大きな食料問題につながりかねません。また、食料自給率の向上も課題のひとつです。

　それを打破するために、IoT/AI を活用してデータを解析することで農場の管理を最適化したり、生産者から消費者までの流通を効率化したり、またはロボット技術を使った省力化などで農業をスマート化する取り組みが進んでいます。

　大きな社会課題である医療・介護の世界においても、リアルタイムの自動健康診断による健康促進や病気の早期発見、医療データの共有でどこでも最適な治療を受けられる体制の構築に加え、病気の診断自体をAIでサポートするシステムも開発が進んでいます。

　そして、ロシアのウクライナ侵攻以降大きな課題となっているエネルギーの分野では、超効率的な電力システムの構築が企図されています。
　気象データや発電所の稼働状況、各家庭での使用状況といったさまざまな情報を含むビッグデータをAIで解析することによって、正確な需要予測を行ったうえで安定的にエネルギーを供給する仕組みが構想されています。これにより温室効果ガスの排出削減も可能になります。

　最新のテクノロジーを活用し、データを起点とした社会の効率的な運営と全体最適化を目指す。現在、官民を挙げたデータ連携基盤の整備や、製造プロセス、流通、モビリティ、インフラ、行政など各分野での取り組みが進んでいます。

IT活用で個別最適化 天然資源の効率的活用 個別課題の解決	CPSによる全体最適化 データの活用 複雑化する社会課題の解決

Society 1.0 狩猟社会	Society 2.0 農耕社会	Society 3.0 工業社会	Society 4.0 情報社会	Society 5.0 超スマート社会

データ駆動型社会の実現

　実現の鍵がデータであることから、Society5.0は「データ駆動型社会」とも言われます。
　日本のデジタル社会形成の司令塔として鳴り物入りで発足したデジタ

ル庁では、「デジタル社会の実現に向けた重点計画」を策定し、社会の
デジタル化に向けて動き出しました。

　重点計画の冒頭にはこのような記述があります。

　「我が国では、高度情報通信ネットワーク社会形成基本法（IT 基本法）
の制定以降、インターネット等のネットワーク環境の整備は相当程度進
展したものの、デジタル技術の進展に伴い、その重要性・多様性・容量
が爆発的に増大したデータについては、生成・流通・活用など全ての側
面において環境整備が十分ではなかった。（中略）海外においては、コ
ロナ禍以前から、民間部門において、データを効果的に生成・収集・利
活用する企業が続々と勃興、プラットフォーム効果とあいまって急激な
成長、技術革新を遂げているだけでなく、政府を始めとする公的部門に
おいてもデータの活用が進展し、新型コロナウイルス感染症対応の多く
の場面において我が国との差異が顕在化したところである。」

　昨今は米国や中国に圧倒されているとはいえ、高い技術力を持つ日本
においては、ハードウェアを中心としたデジタル・インフラは整ってい
ます。しかしデータ活用について大きく遅れを取っていることへの、強
い危機感と課題感がうかがえます。

　IoT（あらゆるものがネットワークに接続）や AI 技術の進化（大量
のデータを解析）、5G の普及（高速・大容量のデータ伝送）によって、
現実世界のありようをデータ化して収集し、解析することが今後どんど
んできるようになっていきます。

　そうしたデータをフルに活用して経済発展や社会課題の解決を行う
「データ駆動型社会」……デジタル庁が目指す社会のデジタル化とは「社
会のデータ駆動化」と言い換えることができます。

　データ駆動型社会とは、データが収集され、それが解析されてイン

テリジェンスに変換され、現実世界を動かすというモデルの社会です。

　現時点でも、情報を収集して業務の効率化をするということは局所的に行われていますが、目指すデータ駆動型社会においては、収集するデータの量の大きさと種類の多さ、そしてリアルタイム性が抜本的に異なってくるでしょう。

　例えば交通の最適化を実現するために、自動車やスマートポールから取得する通行データや画像、気象予測や交通事故の発生情報など、大量のデータを収集・解析したうえで最適なタイミングで信号機をコントロールするような仕組みが考えられます。

　データを取り込み、解析し、現実世界にフィードバックして動かすシステムを一旦組んでしまえば、間に人間が介在せずともデータが自動で社会を駆動させるというようなイメージです。

　人間が組んだプログラムで信号機を制御するのではなく、AIが自ら最適なアルゴリズムを作り出し、それを絶えず更新していく世界です。

　このようなデータ駆動型社会が実現した場合、各分野においてどのような価値が生まれるでしょうか。下はそれをまとめた図になります。

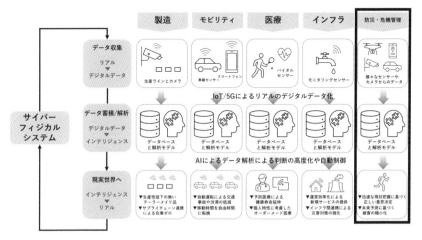

出典：経済産業省が発表した
「中間取りまとめ ～ CPS によるデータ駆動型社会の到来を見据えた変革～」をベースに作成

危機管理の未来 リアルタイムからデータ駆動へ

　データ駆動型社会の仕組みを活用した危機管理を、「データ駆動型危機管理」と名付けたいと思います。

　現実世界を写し取るデータが自動的に収集され、解析され、被害の予防や防災・減災に活用されていきます。

　危機事象が即座に察知され、または正確に発生が予測された後、その人がまさにいる場所や、状態（年齢や障害の有無など）に合わせてパーソナライズされた情報が届き、被害を避けるための最適な行動が提示される世界です。

　そして、こうした危機管理の仕組みは、今後大きく進展していくであろうスマートシティや、MaaSといった領域にも欠かせないものとなるはずです。

　次世代の社会である「Society 5.0」に完全にビルトインされた未来の危機管理では、我々が意識するまでもなく、自動的に危機事象が事前察知され、回避されるようになるかもしれません。

　こう書くとSFの世界のように感じられますが、実際に世界は、日本は、データ駆動する社会の実現に向けて動いています。

　民間企業にも、スタートアップを含めてさまざまな企業がそれぞれのアプローチで危機管理や防災に取り組んでいます。人々を守るため、危機管理は大きく進化する。その土壌は既に整い始めているのです。

事前

リアルタイム

データ駆動

スマートシティ

最新のデジタル技術を活用し、都市
インフラの運営を最適化し、住民の
利便性・快適性の向上を目指す都市

MaaS

すべての交通手段による移動をIT技
術でシームレスに結び付け、人々が
効率よく移動できるシステム

あとがき

　危機管理は、シン・危機管理へ

　ロシアによるウクライナ侵攻、新型コロナウイルスの世界的な大流行、頻発する水害や大規模な火山噴火。「想定外」の事象が次々と起こり、時代の先行きに不安を抱いている方も多いのではないでしょうか。地球の温暖化とそれによって引き起こされる気候変動で、いわゆる異常気象が世界中で観測されています。また、米中対立やロシアと NATO の対立に代表されるように民主主義陣営と権威主義陣営の「新しい冷戦」構造が世界を覆い始めています。

　第二次世界大戦後、紆余曲折を経つつ人類社会は進歩を続け、国際協調や貧困の削減などで一定の成果を上げてきました。グローバル化の進展は、歪な構造を残しつつも国際社会に繁栄をもたらし、人々の生活水準は大きく改善しました。しかしここに来て、これまでの国際秩序が大きく揺らぐとともに、日本の社会も次に目指すべき方向性を見いだせずに右往左往しているように感じます。

　いま我々は「危機の時代」に直面していると言えるのではないでしょうか。しかし人類の歴史は、さまざまな危機を乗り越えてきた歴史でもあります。危機を乗り越えるためのさまざまな方策や手法がその中で生み出されてきました。時代は変わった。ならばそれに合わせて危機管理も進化させなければなりません。

　幸い、我々にはテクノロジーという武器があります。

　本書を通じて提案した、テクノロジーを活用した新しい危機管理像を「シン・危機管理」と呼びたいと思います。

　本書のタイトルは、庵野秀明氏が監督や脚本等を務めた「シン」シリーズにあやかっています。シン・ゴジラ、シン・エヴァンゲリオン、シン・ウルトラマン、シン・仮面ライダー。庵野氏はその「シン」の意味を聞かれ、「正解はなく、映画を観た人にそれぞれの意味を感じてもらいたい」と答えたと聞きます。

「新」

　時代のフェーズが変わった今、危機管理は旧態依然としたやり方をあらため、新しくならなければなりません。

「迅」

　とにかく危機事象を迅速に覚知すること。そして迅速に的確なアクションを取ること。これは危機管理において追求すべきことです。

「進」

　さらにそこから危機管理を進化させるためには、現在起きていることを覚知するだけではなく、未来を予測することが必要となります。大きなチャレンジですが、我々はここに挑んでいかなければなりません。

「真」

　そして真の危機管理とは、危機やリスクの高まりを正確に予測して被害を未然に防ぎ、人々を守れること。ゴールに到達するにはまだ遠い道のりがありますが、歩みを進めていきたいと思います。

根来 諭（ねごろ さとし）

株式会社 Spectee
取締役 COO
防災士 / 企業危機管理士

1998 年ソニー株式会社入社。法務・知的財産部門、エンタテインメント・ロボットビジネスでの経営管理を経て、福島県、パリ、シンガポール、ドバイでセールス＆マーケティングを担当。中近東アフリカ 75 カ国におけるレコーディングメディア＆エナジービジネスの事業責任者を最後に 2019 年 AI 防災ベンチャー企業 Spectee に参画。郡山在住時の東日本大震災の被災経験、パリ在住時の同時多発テロ事件へのニアミス、政情不安定な国々でのビジネス経験を元に、企業の危機管理をテクノロジーでアップデートすることに全力を注いでいる。リスク対策 .com にて「テクノロジーが変える防災・危機管理」連載中。

シン・危機管理

企業が"想定外"の時代を生き抜くには？

2023 年 1 月 30 日　初版第 1 刷

著者　　　　　　　　根来 諭

発行人　　　　　　　松崎義行

発行　　　　　　　　みらいパブリッシング
　　　　　　　　　　〒166-0003 東京都杉並区高円寺南 4-26-12 福丸ビル 6F
　　　　　　　　　　TEL 03-5913-8611　FAX 03-5913-8011
　　　　　　　　　　https://miraipub.jp　mail：info@miraipub.jp

編集　　　　　　　　田中むつみ

ブックデザイン　　　則武 弥（paperback Inc.）

発売　　　　　　　　星雲社（共同出版社・流通責任出版社）
　　　　　　　　　　〒112-0005 東京都文京区水道 1-3-30
　　　　　　　　　　TEL 03-3868-3275　FAX 03-3868-6588

印刷・製本　　　　　株式会社上野印刷所